U0123002

心一堂術數古籍珍本叢刊

書名：紫微斗數宣微（一集）附勘誤表（未刪改足本）

系列：心一堂術數古籍珍本叢刊　星命類　紫微斗數系列　第一輯　4

作者：【民國】王裁珊

主編、責任編輯：陳劍聰

心一堂術數古籍珍本叢刊編校小組：陳劍聰　素聞　鄒偉才　虛白盧主　丁鑫華

出版：心一堂有限公司

通訊地址：香港九龍旺角彌敦道六一〇號荷李活商業中心十八樓〇五一〇六室

深港讀者服務中心·中國深圳市羅湖區立新路六號羅湖商業大廈負一層〇〇八室

電話號碼：(852)9027-7110

網址：publish.sunyata.cc

電郵：sunyatabook@gmail.com

網店：http://book.sunyata.cc

淘寶店地址：https://sunyata.taobao.com

微店地址：https://weidian.com/s/1212826297

臉書：https://www.facebook.com/sunyatabook

讀者論壇：http://bbs.sunyata.cc/

版次：二零二二年五月初版

平裝

國際書號：ISBN 978-988-8583-83-6

定價：　港幣　　　九十八元正
　　　　新台幣　　三百九十八元正

版權所有　翻印必究

香港發行：香港聯合書刊物流有限公司

地址：香港新界荃灣德士古道二二〇～二四八號荃灣工業中心十六樓

電話號碼：(852)2150-2100

傳真號碼：(852)2407-3062

電郵：info@suplogistics.com.hk

網址：http://www.suplogistics.com.hk

台灣發行：秀威資訊科技股份有限公司

地址：台灣台北市內湖區瑞光路七十六巷六十五號一樓

電話號碼：+886-2-2796-3638

傳真號碼：+886-2-2796-1377

網絡書店：www.bodbooks.com.tw

台灣秀威書店讀者服務中心：

地址：台灣台北市中山區松江路二〇九號一樓

電話號碼：+886-2-2518-0207

傳真號碼：+886-2-2518-0778

網絡書店：http://www.govbooks.com.tw

中國大陸發行　零售：深圳心一堂文化傳播有限公司

深圳地址：深圳市羅湖區立新路六號羅湖商業大廈負一層〇〇八室

電話號碼：(86)0755-82224934

心一堂微店二維碼

心一堂淘寶店二維碼

# 心一堂術數古籍 珍本 整理 叢刊 總序

## 術數定義

術數，大概可謂以「推算（推演）、預測人（個人、群體、國家等）、事、物、自然現象、時間、空間方位等規律及氣數，並或通過種種『方術』，從而達致趨吉避凶或某種特定目的」之知識體系和方法。

## 術數類別

我國術數的內容類別，歷代不盡相同，例如《漢書・藝文志》中載，漢代術數有六類：天文、曆譜、五行、蓍龜、雜占、形法。至清代《四庫全書》，術數類則有：數學、占候、相宅相墓、占卜、命書、相書、陰陽五行、雜技術等，其他如《後漢書・方術部》、《藝文類聚・方術部》、《太平御覽・方術部》等，對於術數的分類，皆有差異。古代多把天文、曆譜、及部分數學均歸入術數類，而民間流行亦視傳統醫學作為術數的一環；此外，有些術數與宗教中的方術亦往往難以分開。現代民間則常將各種術數歸納為五大類別：命、卜、相、醫、山，通稱「五術」。

本叢刊在《四庫全書》的分類基礎上，將術數分為九大類別：占筮、星命、相術、堪輿、選擇、三式、讖諱、理數（陰陽五行）、雜術（其他）。而未收天文、曆譜、算術、宗教方術、醫學。

## 術數思想與發展——從術到學，乃至合道

我國術數是由上古的占星、卜筮、形法等術發展下來的。其中卜筮之術，是歷經夏商周三代而通過「龜卜、蓍筮」得出卜（筮）辭的一種預測（吉凶成敗）術，之後歸納並結集成書，此即現傳之《易

經》。經過春秋戰國至秦漢之際，受到當時諸子百家的影響、儒家的推崇，遂有《易傳》等的出現，原本是卜筮術書的《易經》，被提升及解讀成有包涵「天地之道（理）」之學。因此，《易·繫辭傳》曰：「易與天地準，故能彌綸天地之道。」

漢代以後，易學中的陰陽學說，與五行、九宮、干支、氣運、災變、律曆、卦氣、讖緯、天人感應說等相結合，形成易學中象數系統。而其他原與《易經》本來沒有關係的術數，如占星、形法、選擇，亦漸漸以易理（象數學說）為依歸。《四庫全書·易類小序》云：「術數之興，多在秦漢以後。要其旨，不出乎陰陽五行，生尅制化。實皆《易》之支派，傅以雜說耳。」至此，術數可謂已由「術」發展成「學」。

及至宋代，術數理論與理學中的河圖洛書、太極圖、邵雍先天之學及皇極經世等學說給合，通過術數以演繹理學中「天地中有一太極，萬物中各有一太極」（《朱子語類》）的思想。術數理論不單已發展至十分成熟，而且也從其學理中衍生一些新的方法或理論，如《梅花易數》、《河洛理數》等。

在傳統上，術數功能往往不止於僅作為趨吉避凶的方術，及「能彌綸天地之道」的學問，亦有其「修心養性」的功能，「與道合一」（修道）的內涵。《素問·上古天真論》：「上古之人，其知道者，法於陰陽，和於術數。」數之意義，不單是外在的算數、歷數、氣數，而是與理學中同等的「道」、「理」—心性的功能，北宋理氣家邵雍對此多有發揮：「聖人之心，是亦數也」、「萬化萬事生乎心」、「心為太極」。《觀物外篇》：「先天之學，心法也。……蓋天地萬物之理，盡在其中矣，心一而不分，則能應萬物。」反過來說，宋代的術數理論，受到當時理學、佛道及宋易影響，認為心性本質上是等同天地之太極。天地萬物氣數規律，能通過內觀自心而有所感知，即是內心也已具備有術數的推演及預測、感知能力；相傳是邵雍所創之《梅花易數》，便是在這樣的背景下誕生。

《易·文言傳》已有「積善之家，必有餘慶；積不善之家，必有餘殃」之說，至漢代流行的災變說及讖緯說，我國數千年來都認為天災，異常天象（自然現象），皆與一國或一地的施政者失德有關；下

至家族、個人之盛衰，也都與一族一人之德行修養有關。因此，我國術數中除了吉凶盛衰理數之外，人心的德行修養，也是趨吉避凶的一個關鍵因素。

## 術數與宗教、修道

在這種思想之下，我國術數不單只是附屬於巫術或宗教行為的方術，又往往是一種宗教的修煉手段——通過術數，以知陰陽，乃至合陰陽（道）。「其知道者，法於陰陽，和於術數。」例如，「奇門遁甲」術中，即分為「術奇門」與「法奇門」兩大類。「法奇門」中有大量道教中符籙、手印、存想、內煉的內容，是道教內丹外法的一種重要外法修煉體系。甚至在雷法一系的修煉上，亦大量應用了術數內容。此外，相術、堪輿術中也有修煉望氣（氣的形狀、顏色）的方法；堪輿家除了選擇陰陽宅之吉凶外，也有道教中選擇適合修道環境（法、財、侶、地中的地）的方法，以至通過堪輿術觀察天地山川陰陽之氣，亦成為領悟陰陽金丹大道的一途。

## 易學體系以外的術數與的少數民族的術數

我國術數中，也有不用或不全用易理作為其理論依據的，如揚雄的《太玄》、司馬光的《潛虛》。也有一些占卜法、雜術不屬於《易經》系統，不過對後世影響較少而已。

外來宗教及少數民族中也有不少雖受漢文化影響（如陰陽、五行、二十八宿等學說。）但仍自成系統的術數，如古代的西夏、突厥、吐魯番等占卜及星占術，藏族中有多種藏傳佛教占卜術、苯教占卜術；北方少數民族有薩滿教占卜術；不少少數民族如水族、白族、布朗族、佤族、彝族、苗族等，皆有占雞（卦）草卜、雞蛋卜等術，納西族的占星術、占卜術，彝族畢摩的推命術、占卜術……等等，都是屬於《易經》體系以外的術數。相對上，外國傳入的術數以及其理論，對我國術數影響更大。

# 曆法、推步術與外來術數的影響

我國的術數與曆法的關係非常緊密。早期的術數中，很多是利用星宿或星宿組合的位置（如某星在某州或某宮某度）付予某種吉凶意義，并據之以推演，例如歲星（木星）、月將（某月太陽所躔之宮次）等。不過，由於不同的古代曆法推步的誤差及歲差的問題，若干年後，其術數所用之星辰的位置，已與真實星辰的位置不一樣了；此如歲星（木星），早期的曆法及術數以十二年為一周期（以應地支），與木星真實周期十一點八六年，每幾十年便錯一宮。後來術家又設一「太歲」的假想星體來解決，是歲星運行的相反，週期亦剛好是十二年。而術數中的神煞，很多即是根據太歲的位置而定。又如六壬術中的「月將」，原是立春節氣後太陽躔娵訾之次，當時沈括提出了修正，但明清時六壬術中「月將」仍然沿用宋代沈括修正的起法沒有再修正。

由於以真實星象周期的推步術是非常繁複，而且古代星象推步術本身亦有不少誤差，大多數術數除依曆書保留了太陽（節氣）、太陰（月相）的簡單宮次計算外，漸漸形成根據干支、日月等的各自起例，以起出其他具有不同含義的眾多假想星象及神煞系統。唐宋以後，我國絕大部分術數都主要沿用這一系統，也出現了不少完全脫離真實星象的術數，如《子平術》、《紫微斗數》、《鐵版神數》等。後來就連一些利用真實星辰位置的術數，如《七政四餘術》及選擇法中的《天星選擇》，也已與假想星象及神煞混合而使用了。

隨着古代外國曆（推步）、術數的傳入，如唐代傳入的印度曆法及術數，元代傳入的回回曆等，其中我國占星術便吸收了印度占星術中羅睺星、計都星等而形成四餘星，又通過阿拉伯占星術而吸收了其中來自希臘、巴比倫占星術的黃道十二宮、四大（四元素）學說（地、水、火、風），並與我國傳統的二十八宿、五行說、神煞系統並存而形成《七政四餘術》。此外，一些術數中的北斗星名，不用我國傳統的星名：天樞、天璇、天璣、天權、玉衡、開陽、搖光，而是使用來自印度梵文所譯的：貪狼、巨

門、祿存、文曲、廉貞、武曲、破軍等，此明顯是受到唐代從印度傳入的曆法及占星術所影響。如星命術中的《紫微斗數》及堪輿術中的《撼龍經》等文獻中，其星皆用印度譯名。及至清初《時憲曆》，置閏之法則改用西法「定氣」。清代以後的術數，又作過不少的調整。

此外，我國相術中的面相術、手相術，唐宋之際受印度相術影響頗大，至民國初年，又通過翻譯歐西、日本的相術書籍而大量吸收歐西相術的內容，形成了現代我國坊間流行的新式相術。

## 陰陽學——術數在古代、官方管理及外國的影響

術數在古代社會中一直扮演着一個非常重要的角色，影響層面不單只是某一階層、某一職業、某一年齡的人，而是上自帝王，下至普通百姓，從出生到死亡，不論是生活上的小事如洗髮、出行等，大事如建房、入伙、出兵等，從個人、家族以至國家，從天文、氣象、地理到人事、軍事，從民俗、學術到宗教，都離不開術數的應用。我國最晚在唐代開始，已把以上術數之學，稱作陰陽（學），行術數者稱陰陽人。（敦煌文書、斯四三二七唐《師師漫語話》：「以下說陰陽人讒語話」，此說法後來傳入日本，今日本人稱行術數者為「陰陽師」）。一直到了清末，欽天監中負責陰陽術數的官員中，以及民間術數之士，仍名陰陽生。

古代政府的中欽天監（司天監），除了負責天文、曆法、輿地之外，亦精通其他如星占、選擇、堪輿等術數，除在皇室人員及朝庭中應用外，也定期頒行日書、修定術數，使民間對於天文、日曆用事吉凶及使用其他術數時，有所依從。

我國古代政府對官方及民間陰陽學及陰陽官員，從其內容、人員的選拔、培訓、認證、考核、律法監管等，都有制度。至明清兩代，其制度更為完善、嚴格。

宋代官學之中，課程中已有陰陽學及其考試的內容。（宋徽宗崇寧三年〔一一零四年〕崇寧算學令：「諸學生習……並曆算、三式、天文書。」「諸試……三式即射覆及預占三日陰陽風雨。天文即預

定一月或一季分野災祥，並以依經備草合問為通。」

金代司天臺，從民間「草澤人」（即民間習術數人士）考試選拔：「其試之制，以《宣明曆》試推步，及《婚書》、《地理新書》試合婚、安葬，並《易》筮法、六壬課、三命、五星之術。」（《金史》卷五十一·志第三十二·選舉一）

元代為進一步加強官方陰陽學對民間的影響、管理、控制及培育，除沿襲宋代、金代在司天監掌管陰陽學及中央的官學陰陽學課程之外，更在地方上增設陰陽學教授員，培育及管轄地方陰陽人。（《元史·選舉志一》：「世祖至元二十八年夏六月始置諸路陰陽學。」）地方上也設陰陽學教授員，於路、府、州設教授員，凡陰陽人皆管轄之，而上屬於太史焉。」（《元仁宗》延祐初，令陰陽人依儒醫例，於路、府、州設教授員，凡陰陽人皆管轄之，而上屬於太史焉。」）自此，民間的陰陽術士（陰陽人），被納入官方的管轄之下。

至明清兩代，陰陽學制度更為完善。中央欽天監掌管陰陽學，明代地方縣設陰陽學正術，各州設陰陽學典術，各縣設陰陽學訓術。陰陽人從地方陰陽學肄業或被選拔出來後，再送到欽天監考試。（《大明會典》卷二二三：「凡天下府州縣舉到陰陽人堪任正術等官者，俱從吏部送（欽天監）考中，送回選用；不中者發回原籍為民，原保官吏治罪。」）清代大致沿用明制，凡陰陽術數之流，悉歸中央欽天監及地方陰陽官員管理、培訓、認證。至今尚有「紹興府陰陽印」、「東光縣陰陽學記」等明代銅印，及某某縣某某之清代陰陽執照等傳世。

清代欽天監漏刻科對官員要求甚為嚴格。《大清會典》「國子監」規定：「凡算學之教，設肄業生。滿洲十有二人，蒙古、漢軍各六人，於各旗官學內考取。漢十有二人，於舉人、貢監生童內考取。」學生在官學肄業、貢監生肄業或考得舉人後，經過了五年對天文、算法、陰陽學的學習，其中精通陰陽術數者，會送往漏刻科。而在欽天監供職的官員，《大清會典則例》「欽天監」規定：「本監官生三年考核一次，術業精通者，保題升用。不及者，停其升轉，再加學習。如能甄

勉供職，即予開復。仍不及者，降職一等，再令學習三年，能習熟者，准予開復，仍不能者，黜退。」

除定期考核以定其升用降職外，《大清律例》中對陰陽術士不準確的推斷（妄言禍福）是要治罪的。

《大清律例・一七八・術七・妄言禍福》：「凡陰陽術士，不許於大小文武官員之家妄言禍福，違者杖

一百。其依經推算星命卜課，不在禁限。」大小文武官員延請的陰陽術士，自然是以欽天監漏刻科官員

或地方陰陽官員為主。

官方陰陽學制度也影響鄰國如朝鮮、日本、越南等地，一直到了民國時期，鄰國仍然沿用着我國的

多種術數。而我國的漢族術數，在古代甚至影響遍及西夏、突厥、吐蕃、阿拉伯、印度、東南亞諸國。

## 術數研究

術數在我國古代社會雖然影響深遠，「是傳統中國理念中的一門科學，從傳統的陰陽、五行、九

宮、八卦、河圖、洛書等觀念作大自然的研究。……傳統中國的天文學、數學、煉丹術等，要到上世紀

中葉始受世界學者肯定。可是，術數還未受到應得的注意。術數在傳統中國科技史、思想史、文化史、

社會史，甚至軍事史都有一定的影響。……更進一步了解術數，我們將更能了解中國歷史的全貌。」

（何丙郁《術數、天文與醫學中國科技史的新視野》，香港城市大學中國文化中心。）

可是術數至今一直不受正統學界所重視，加上術家藏秘自珍，又揚言天機不可洩漏，「（術數）乃

吾國科學與哲學融貫而成一種學說，數千年來傳衍嬗變，或隱或現，全賴一二有心人為之繼續維繫，賴

以不絕，其中確有學術上研究之價值，非徒癡人說夢，荒誕不經之謂也。其所以至今不能在科學中成立

一種地位者，實有數因。蓋古代士大夫階級目醫卜星相為九流之學，多恥道之；而發明諸大師又故為恫

恍迷離之辭，以待後人探索；間有一二賢者有所發明，亦秘莫如深，既恐洩天地之秘，復恐譏為旁門左

道，始終不肯公開研究，成立一有系統說明之書籍，貽之後世。故居今日而欲研究此種學術，實一極困

難之事。」（民國徐樂吾《子平真詮評註》，方重審序）

現存的術數古籍，除極少數是唐、宋、元的版本外，絕大多數是明、清兩代的版本。其内容也主要是明、清兩代流行的術數，唐宋或以前的術數及其書籍，大部分均已失傳，只能從史料記載、出土文獻、敦煌遺書中稍窺一鱗半爪。

## 術數版本

坊間術數古籍版本，大多是晚清書坊之翻刻本及民國書賈之重排本，其中豕亥魚魯，或任意增刪，往往文意全非，以至不能卒讀。現今不論是術數愛好者，還是民俗、史學、社會、文化、版本等學術研究者，要想得一常見術數書籍的善本、原版，已經非常困難，更遑論如稿本、鈔本、孤本等珍稀版本。

在文獻不足及缺乏善本的情況下，要想對術數的源流、理法、及其影響，作全面深入的研究，幾不可能。

有見及此，本叢刊編校小組經多年努力及多方協助，在海内外搜羅了二十世紀六十年代以前漢文為主的術數類善本、珍本、鈔本、孤本、稿本、批校本等數百種，精選出其中最佳版本，分別輯入兩個系列：

一、心一堂術數古籍珍本叢刊
二、心一堂術數古籍整理叢刊

前者以最新數碼（數位）技術清理、修復珍本原本的版面，更正明顯的錯訛，部分善本更以原色彩色精印，務求更勝原本。并以每百多種珍本、一百二十冊為一輯，分輯出版，以饗讀者。

後者延請、稿約有關專家、學者，以善本、珍本等作底本，參以其他版本，古籍進行審定、校勘、注釋，務求打造一最善版本，方便現代人閱讀、理解、研究等之用。

限於編校小組的水平，版本選擇及考證、文字修正、提要内容等方面，恐有疏漏及舛誤之處，懇請方家不吝指正。

心一堂術數古籍 珍本 叢刊編校小組

二零零九年七月序

二零一四年九月第三次修訂

紫微斗數宣微

紫微斗數宣微（一）

一

乙亥立冬節

# 斗數宣微

果圓居士題

紫微斗數宣微上卷目錄

# 紫微斗數勘誤表

# 希夷先生傳

陳摶字圖南號扶搖子亳州眞源人初生不能言至四五歲戲渦水水濱有青衣嫗

引置懷中乳之卽能言敏悟過人及長經史一覽無遺先生日向所學但足記姓名

而已吾將遊泰山與安期黃石輩論出世法安能與世脂韋汨沒出入生死輪迴間

哉乃盡散家業惟携一石鐺而去梁唐士大夫挹其淸風得識其面如覩景星慶雲

然先生皆莫與交唐明宗親爲手詔召之先生至長揖不拜明宗待之愈謹以宮女

三人賜先生先生賦詩謝曰雪爲肌體玉爲腮多謝君王送得來處士不與巫峽夢

空煩雲雨下陽臺遂逯去隱武當山九石巖服氣辟穀凡二十餘年復移居華山時

年已七十餘矣常閉門臥累月不起周世宗顯德中有樵於山麓見遺骸生塵迫而

視之乃良久起日睡醒矣後世宗召見賜號日雲先生一日乘驢遊

華陰聞宋太祖登極拍掌大笑曰天下自此定矣太祖召不至再召辭曰九重仙詔

休敎丹鳳銜來一片野心已被白雲留住太宗初年始赴召惟求一靜室乃賜居於

建隆觀扃戶熟寐月餘方起辭去賜號希夷先生一日遣門人鑿石室於張超谷旣

成先生往造之日吾其歸於此乎遂以左手支頤而終七日容色不變肢體尙溫有

希夷先生傳

五色雲封谷口彌月不散年一百一十八歲初兵紛時太祖之母挑太祖太宗於藍

以避亂先生遇之卽吟曰莫道當今無天子却將天子上擔挑又遇太祖太宗與趙

普遊長安市入酒肆普坐太祖太宗之右先生曰汝紫微垣一小星爾輒處上次可

乎种放初從先生先生曰汝當逢明主名馳海內但惜天地間無完名子名將起必

有物敗之可戒也放晚年竟喪清節皆如其言有郭沆者少居華陰嘗宿觀下中夜

先生呼令速歸且與之俱往一二里許有人號呼報其母卒先生因遺以藥使急去

可救既至灌其藥遂甦華陰令王睦謂先生曰先生居溪巖寢止何室先生且笑且

吟曰華山高處是吾宮出卽凌空跨曉風臺榭不將金鎖閉來時自有白雲封一日

有一客過訪先生適值其睡傍有一異人聽其息聲以黑筆記之滿紙糊塗莫辨

客怪而問之其人曰此先生華胥調混沌譜也先生嘗遇毛女毛女贈之詩詩云嘗

苗不滿筥又更上危巔回指歸去路相將入翠烟太宗聞先生善相人遭詣南衙見

眞宗及門亟還問其故曰厮役皆將相也何必見王於是建儲之議遂定先生以易

數授穆伯長穆授李挺之李授邵康節以象學授种放授盧江許堅堅授范諤至

今糟粕猶存也

# 為觀雲主人斗數宣微贅言

凡物有對待卽有數數說始於易謂天地之數趣吉避凶者是又謂知進退存亡不失其正則吉不必謂福凶不必謂禍樂天知命素位而行斯謂之君子道之行廢命也公伯寮如命何儒者固顯言命然行廢命云何行廢則數故知命者當知數命數學無涯其一為紫微斗數聞傳自先天演卦華山處士陳希夷是法易學難精觀雲主人嫻之久獨多心悟著書發微言多奇闢猶自謂粗疏不敢問世或慾以以文會友借助他山則欣付手民書成顧予欲一言予誠有不能已於言者書以質觀雲且告讀此書者一學命數者當知安命造命救弊補偏釋回增美一當知萬物一體清濁同源見人得失如己得失隱惡揚善因病施藥一數學繁賾毫釐千里當自虛心不可自是一知進退存亡不失其正財毋苟得難毋苟免不玷

近利兇後惡因。一凡不驗。因日時不準。五運異宜。推算有誤。歌訣不熟。抉

擇不精。折兌不準運化不靈。心有偏向鬼神主使自己親屬善惡轉變。一、

星盤如豫算現實如決算變數小易大難。一、人心如日。運如火鏡。命如艾。

三合火生無日不出火無鏡不引火無艾火不然故心空無數心變轉數。

一生死前定忠奸在人流芳千古遺臭萬年自餘類推善擇所處。一數每

不齊。各有所爲天挺命世尙難全備以錯綜故澄觀方了。一、天下身家執

大執小萬世當時執長執短神識形骸執親執疏精妙麤濁執重執輕大

任苦勞餓乏拂亂凡民逸樂飽足宴安執取執舍。一、君子問禍不問福殷

憂啟聖爲他成美遏惡廣種福田。一、此書引人入勝。初非定稿世毋膠執。

尙賜磋商。一、斗數詳者聞有數十冊願共蒐研。居易俟命義標十三以象

成歲。乙亥立冬前三日西昌果圓居士

斗數宣微

## 紫微斗數命理宣微序

紫微斗數一書爲五代時陳希夷先生所著。與徐子平同時友善淵海子平地理醫

相等書皆有所論考斗數講命分五局本於河圖兼有先天八卦切於後天八卦用

水火旣濟未濟判斷吉凶以鬼谷納音由命垣定局佈星頗切人事而天地之妙亦

存乎其中矣。惜少深求之士。每多以游戲視之耳。余友王君栽珊性穎悟喜讀書博

覽群籍酷嗜命理。於斗數一書頗詣旨趣。引申舊說參考實驗。凡原書脫落訛字諸

病。均經悉心訂正析其是非尤能秉其心得判人休咎無不中的。又從談命之外洞

澈陰陽二宅之吉凶。人生隱微瑣細之得失更瞭如指掌矣。是集著述。闡明奧理頓

見眞機雖筆意詳略不同。或互文見意或比類相形。因此悟彼。見微知著。得於語言

文字之外者斗數原論言有未盡法有未傳均能發古人之秘旨開後人之法門可

爲希夷功臣也。大明白玉蟾先生曾有發微等著。而此媲美於後矣。學斗數者得斯。

亦可作南針一助云爾。

民國戊辰年暮春之初序於京師援古證今室北平孫光輔撰

## 斗數宣微一得之見啓言

余喜研究命理之學子平一書以八字分四柱論榮枯吉凶暗藏變化莫測實難入

其堂奧斗數一書以十二宮佈群星判休咎禍福昭然好惡分清尚易求其精微茲

按斗數書中所載考諸事實頗有效驗者披露一二惟書內間有混合多有不能強

解者本擬徵諸　高明不期朋好反來質問亦有不能強對者謹將拙見所及不揣

譾陋答諸於後是否合宜務祈

高明匡正是幸。

# 書　旨

此書之本旨緣由人心惟危道心惟微惟精惟一允執厥中。十六字眞言立意後以

陳希夷先生所著飛星紫微斗數之法並宣其微故曰命理宣微因希夷先生不誇

丹道守正懷奇對於易理地理醫相子平等書皆有神妙獨到之訣流傳至今普利

人天玄機。一露爲萬世法然此書之宗旨雖有一二發明不敢獨祕蓋欲吾人了解

華山高臥之著而師之者與庚午秋八月栽珊識於觀雲艸堂

## 自序

命學之書。列強亦頗講求。吾國言命者代不乏人蓋命者天之所賦也有一定不移之理。知命之有一定當順時以受之。或居易以俟之夫人生一世斷然不能有盛無衰亦不能有剝無復如行路然有坦途有崎嶇必為吾人之經過預知崎嶇當由推命始既知命矣。自能趨於坦途免行多少崎嶇不平之路所以斗數一書為知命者作。如性命之微機遇之奇。或由困而亨或自賤而貴縷晰詳明瞭如指掌足見此書。闡發微妙。明心見性有益於人事者固非淺鮮。余愛之深而信之篤。故將所問所答。以及著述雜論錄出願質

同道者共同考正焉。

中華民國十四年夏歷乙丑八月望日品石山房主人識

## 例　言

一　是書之發明，爲初學斗數者易於入門，其安星各法註解清楚而便分佈。

一　斗數流行本種類不同安星亦異有失本旨茲訂正星曜六十四位以歸原制。

一　書中辨正理由皆載於廿四問答之內一覽便知。

一　申明書中意旨及占課用法尙不止此學者心領神會當在言傳之外。

一　列星論說原書間有混合茲從經驗得來與事實有符合者註入故與原書不同。

一　推陰陽二宅法本從心得繼之以經驗試之有奇效特列一門以備堪輿家研究。

一　雜論各條係數十年經歷參考屢試有驗故特論之以公同好。

一　學斗數者星曜不熟自可按書查核便明梗概習之日久自然貫通。

一　著述本意係屬提倡斗數命理使人人欽於此術爲宗旨。

一　附子平預測妻妾子女法不過有此設想未敢斷其必然也。

一　是集注重初學易於明瞭取言簡意賅文法譾陋句讀俚俗在所不計識者諒之。

## 命理宣微總論

命理宣微發源於陳希夷先生紫微斗數。雖係言命。而多根據理學判定人事。以之研究而輸入新知。與無可捉摸者迥異。尤非世之妄談休咎藉謀升斗者所同日語也。斗數一書相傳日久。好古之士。每多珍之。亦不過看成一種推命之作。多未究其至理。命者天之所賦於人也。推命者當以人事為人定之。天有天之事。地有地之事。人有人之事。天事天文也。地事地理也。人事為人一生之所遇也。凡人事之所有。皆與人生有最密切之關係。豈有講天文察地理。而不知人事者即命中之境遇人事同而境遇不同也。孟子曰莫之為而為者天也莫之致而致者命也。孔子曰道之將行也歟命也。道之將廢也歟命也。又云不知命無以為君子也。孔孟皆以命字難違。是以後世碩學名儒言之鑿鑿。法用雖不相同。皆為萬古不磨之大典。與孔孟之學正同際此文明時代命理一道已成專門之學。若風行一世研究愈精亦心理學之催眠術也。古有宅葬兩經之傳故命理宣微有陰

陽二宅之論。以決古今人之疑。余本由感受之理學發明。（其說有三吾人未生以

前所感受者爲何既生以後所感受者爲何既死以後所感受者爲何）不必論人

生之命強弱便論人生之感受良與否卽爲一種新科學自無懷疑之餘地除命學

固有之外世之欲占田宅坟塋當於陰陽二宅論內求之自能洞澈其精微請

閱者三復斯言切勿河漢觀之。

## 金　四　局

安星法

| 地支 | 日期 |
|---|---|
| 巳 | 初六　十六　十九　二十五　二十九 |
| 午 | 初十　二十　二十三　二十九 |
| 未 | 初七　二十四　二十七 |
| 申 | 八　十八　二十八 |
| 辰 | 初二　十五　二十　二十一 |
| 酉 | 二十二　二十六 |
| 卯 | 初一　初八　十一　十七 |
| 戌 | 初一　三　十 |
| 寅 | 初四　初七　十　十三 |
| 丑 | 初三　初九 |
| 子 | 初五 |
| 亥 | 初一　三　十 |

紫微金宮四歲行

初一尋豬二歲龍

順進二步逆退一

先陰後陽是其宮

惟有初二辰上起

進三退四逆行踪

金局因納音論

甲子乙丑海中金

甲午乙未沙中金

壬申癸酉劍鋒金

壬寅癸卯金箔金

庚辰辛巳白蠟金

庚戌辛亥釵釧金

自寅宮納音數

起數至命宮遇

此六金即爲金

局尋日安紫微

可也

（一七）

五一

## 木三局

| 巳 初四 十二 十四 | 午 初七 十五 十七 | 未 初十 十八 二十 | 申 十三 二十一 二十三 |
|---|---|---|---|
| 辰 初一 初九 十一 | 生逢木宮三歲遊<br>初一騎龍初二牛<br>逆進二宮初二日 | 順回四步一辰求<br>順二回宮牛頭地<br>逆進二步二辰儔 | 酉 十六 二十四 二十六 |
| 卯 初六 初八 | | | 戌 十九 二十七 二十九 |
| 寅 初三 初五 | 丑 初二 二十八 | 子 二十五 | 亥 二十二 三十 |

木局因納音論
戊辰己巳大林木
戊戌己亥平地木
壬午癸未楊柳木
壬子癸丑桑柘木
庚寅辛卯松柏木
庚申辛酉石榴木
亦自寅宮順數
如前定局宮中
所載日期看命
即在局中尋本
人生日上安紫
微

# 水 二 局

安星法

| 巳 初八 初九 | 午 初十 十一 | 未 十二 十三 | 申 十四 十五 |
|---|---|---|---|
| 辰 初六 初七 三十 | 陰陽雖異行則同　順行一步進一日 | 初一起丑初二寅　坎水宮中二歲行 | 酉 十六 十七 十八 十九 |
| 卯 初四 初五 二十八 二十九 | 丑 二十四 初一 二十五 | 子 二十二 二十三 | 戌 十八 十九 |
| 寅 初二 初三 二十六 二十七 | 丑 二十四 二十五 | 子 二十二 二十三 | 亥 二十 二十一 |

水局因納音論
丙子丁丑澗下水
丙午丁未天河水
甲申乙酉泉中水
甲寅乙卯大溪水
壬辰癸巳長流水
壬戌癸亥大海水
亦自寅宮順數
至命宮遇此內
納音即爲水二
局按日安紫微

六一

## 火六局

| 巳 | 午 | 未 | 申 |
|---|---|---|---|
| 初十<br>二十四<br>二十九 | 初二<br>十六<br>三十 | 初八<br>二十二 | 十四<br>二十八<br>初一<br>二十 |

**辰**：初四　十八　二十三　　　　**酉**：初七　二十六

**卯**：十二　十七　二十七　　　　**戌**：初三　十三

**寅**：初六　十一　二十一　　　　**亥**：初三　十三

| 寅 | 丑 | 子 | 亥 |
|---|---|---|---|
| 初六<br>十一<br>二十一 | 初五<br>十五<br>二十五 | 初九<br>十九 | 初三<br>十三 |

中央：

離火宮中六歲知
初二騎馬初一雞
進二退二各一日
逆回三步尋生期
另有初二各其位
先陽順行逆退之
退二安一退二日
順進五宮是其基

火局因納音論
丙寅丁卯爐中火
甲戌乙亥山頭火
丙申丁酉山下火
甲辰乙巳覆燈火
戊子己丑霹靂火
戊午己未天上火
其定局之法如
前註見之極詳
明者審而察之
自然貫通其理
也

二〇

## 土 五 局

斗數宣微

安星法

| | 巳 | 午 | 未 | 申 |
|---|---|---|---|---|
| | 初八 二十 二十四 | 初一 十三 二十五 二十九 | 初六 十八 三十 | 十一 二十三 |

辰　初三 十五 十九 二十七

酉　十六 二十八 二十一

卯　初十 二十二

戌　二十一

寅　初五 初九 十七

丑　初四 十二

子　初七

亥　初二 二十六

戊土五歲居其中
初一午上二亥宮安一日
惟有九日不能同
逆行三宮安一日
二宮一日順二次
退二三次又逆從
惟有六日先正位
逢四對宮去尋踪

土局因納音論
庚午辛未路傍土
庚子辛丑壁上土
戊寅己卯城頭土
戊申己酉大驛土
丙戌丁亥屋上土
丙辰丁巳沙中土

其法如前但局內口訣學者不省不必用他只按五局所載日期尋本人生日在何宮即于本宮安紫微

七一

安身命例○凡看命俱從寅上起正月。順數至本人生月止。又自本生月上起子時。

逆數至本人生時安命。又於生月之上起正月。順數至本人生時安身。假如正月

子時生。就在寅宮安命身。丑時則逆轉丑宮安命。再順去卯宮安身寅時則逆轉

子宮安命順至辰宮安身。餘宮倣此。又如閏正月生者十五日以前作正月看。十

五日以後。作二月看。凡有閏月俱依此為例。或遇閏月。卽以下月定之可也納音

甲子歌。務要熟讀。就如甲年生安命在寅却按甲己之年起丙寅丙寅丁卯爐中

火。就去火局尋某日期起紫微星。如是正月初一日生者是火局酉宮有初一日。

就從酉宮起紫微庶無差慌若錯了則差之毫釐失之千里矣納音甲子歌在前

面五局內尋之可也。

每年正月建寅二月建卯三月建辰四月建巳五月建午六月建未七月建申八

月建酉九月建戌十月建亥十一月建子十二月建丑一律順行。查看曆書便明。

安十二宮例○一命坦二兄弟三妻姜四子女五財帛六疾厄七遷移八奴僕九官

祿。十田宅。十一福德。十二父母。〇如是女命。妻妾宮改爲夫主宮可也。

起五寅例〇甲己之歲起丙寅乙庚之歲起戊寅丙辛之歲起庚寅丁壬之歲起壬寅戊癸之歲起甲寅。

安天府例〇須查紫微再安天府惟寅申二宮紫微天府同宮餘宮俱各斜塡作對。

假如紫在子府在辰紫在丑府在卯紫在寅府在丑紫在辰府在子紫在巳府在亥紫在午府在戌紫在未府在酉紫在酉府在未紫在戌府在午紫在亥府在巳。

或有不明。可查後邊命格對之便知。

佈紫微訣〇紫微天機星逆行隔一陽武天同情又隔二位廉貞第空三便是紫微星。

假如紫微在寅宮則逆行丑宮安天機隔子宮一位亥宮安太陽戌宮安武曲酉宮安天同又隔申宮未宮二位至午宮安廉貞又空巳辰卯三位便見寅宮紫微星矣餘倣此安。

佈天府訣〇天府太陰順貪狼巨門天相與天梁七煞空三破軍位隔宮望見天府
郷。

假如天府在寅宮則順行卯宮安太陽辰宮安貪狼巳宮安巨門午宮安天相未
宮安天梁申宮安七殺隔酉戌亥三宮在子宮安破軍隔丑一位便是寅宮天府
星也餘並倣此。

佈六助星訣〇辰上順正尋左輔戌上逆正右弼當辰上順時尋文曲戌上逆時覓
文昌亥上子時順安劫逆行便是地空亡數至生月生時住十二宮仔細詳。

凡命不拘男女辰宮起正月順數至本人生月安左輔戌宮起正月逆數至本人
生月安右弼假如正月生人即在辰宮安左輔戌宮安右弼餘倣此。

安昌曲二星亦不拘男女辰宮起子時順數至本人生時安文曲戌宮安文昌如
數至本人生時安文昌假如子時生人即在辰宮安文曲戌宮安文昌如丑時生
人則自辰宮順行巳宮安文曲自戌宮逆行酉宮安文曲餘倣此。

安劫空二星。亦不問男女俱在亥宮起子。順數至本人生時安地劫。再由亥宮起

子。逆數至本人生時安地空。

安祿權科忌四化訣〇甲廉破武陽為伴。乙機梁紫月交侵丙同機昌廉貞位丁月

同機巨門尋戊貪月弼機為主己武貪梁曲最平。庚日武陰同為首辛巨陽曲昌

曜臨。壬梁紫左武宿是癸破巨陰貪狼停。

凡命不問男女。但甲年生人。則廉貞下安祿破軍下安權武曲下安科太陽下安

忌又如命屬乙年生人。則天機下安祿天梁下安權紫微下安科太陰下安忌餘

倣此。

安天傷天使訣〇命後六位為天使命前六位為天傷。大限相逢遇小限。此星乃是

活閻王。

此以命宮為主假如命立寅宮則後六位在酉卽酉宮安天使。前六位在未卽未

宮安天傷。餘倣此。

安天魁天鉞訣〇甲戊庚牛羊。乙己鼠猴鄉丙丁猪鷄位壬癸兔蛇藏六辛逢馬虎。

此是貴人鄉。

此不拘男女命。俱以生年十干為主假如甲戊庚三年生人。則丑宫安天魁未宫

安天鉞。又如乙己二年生人。則子宫安天魁申宫安天鉞餘皆倣此。

安祿存羊陀訣〇甲祿到寅宫乙祿居卯府丙戊祿在巳丁己祿居午庚祿定居申。

辛祿酉上補壬祿亥中藏癸祿居在子。祿前一位羊刃當祿後一位陀羅苦羊刃

卽擎羊也。

凡命俱以生年十干為主。假如甲生人寅宫安祿乙生人卯宫安祿存餘倣此。

假如祿存在寅。則於前一位卯宫安羊刃後一位丑宫安陀羅。又如祿存在卯。則

於前一位辰宫安羊刃後一位寅宫安陀羅餘倣此。

安火鈴星訣〇寅午戌人丑卯方。申子辰人寅戌揚巳酉丑人卯戌位亥卯未人酉

戌房。

凡命俱以生年十二支爲主假如申子辰年子時生人。則自寅宮起子時。順數至

本人生時安火星自戌宮起子時。順數至本人生時安鈴星。假如甲申年丑時生

人。則卯宮安火亥宮安鈴。餘並倣此。

安天馬訣○申子辰人馬居寅寅午戌人馬居申亥卯未人馬居巳巳酉丑人馬居

亥。

凡命俱以生年十二支爲主假如命屬申子辰年生人。則寅宮安天馬。餘並倣此。

安紅鸞天喜訣○紅鸞卯上子年起。逆行數至生年止對宮卽是天喜星運限命逢

偏有喜。

凡命不問男女俱自卯宮起子年。逆數至本人生年安紅鸞。對宮卽安天喜。假如

甲子年生人卽在卯宮安紅鸞。酉宮安天喜。如乙丑年生人則逆行寅宮安紅鸞。

申宮安天喜。

安天姚天刑訣○天姚丑上順正月。天刑酉上正月輪數至生月皆住腳便安刑姚

二星辰。

假如正月生人卽在丑宮安天姚酉宮安天刑。如二月生人自丑數至寅宮安姚。

自酉數至戌宮安刑餘並倣此。

安命主訣〇子屬貪狼丑亥門寅戌生人屬祿存卯酉屬文巳未武辰申廉宿午破軍。

人則以巨門爲命主星餘並倣此。

凡命俱以生年十二支爲主假如命屬子年生則貪狼爲命主星如丑亥兩年生

安身主訣〇子午生人鈴火宿丑未天相寅申梁卯酉天同身主是巳亥大機辰戌昌。

此以生年十二支爲主假如子年生人則鈴爲身主。如丑未兩年生人則天相爲

身主餘並倣此。

安三台八座星訣〇三台左輔順初一數至生日是台宮八座右弼逆初一數至生

安星法

日定其踪。

凡命俱以所定之左輔右弼二宮爲主假如初五生人。左輔原在子宮則自子宮

起初一。順數至辰宮初五止。卽於辰宮安三台又如初五生人原右弼在寅宮則

自寅宮起初一逆數至戌宮初五止。卽于戌宮安八座餘倣此。

安龍池鳳閣星訣〇龍池起子順行辰生年便是福元眞鳳閣戌上逆數子。遇至生

年是吉神。

凡命不拘男女俱以辰戌二宮爲主假如甲子年生人。辰宮起子卽安龍池戌宮

卽安鳳閣如乙丑生人。則自辰宮起子年。順數至巳宮爲丑。卽安龍池自戌宮起

子年逆數至酉宮爲丑。卽安鳳閣餘倣此，

安天才天壽台輔封誥星訣〇命宮起子天才順。身宮起子天壽堂曲前三位皆台

輔。曲後三位封誥鄉。

假如甲子生人命立寅宮則天才在寅身立午宮則天壽在午。如乙丑生人命立

斗數宣微

寅宮。則自寅宮起子年。順數至卯宮爲丑。卽安天才。如身立午宮則自午宮起子年。順數至未宮爲丑。卽安天壽餘並倣此。

假如本命文曲在子宮則前三位寅宮安台輔後三位戌宮安封誥餘倣此但以文曲本宮數起。

安恩光天貴星訣○文昌順數至生日退後一步是恩光文曲順數至生日退後一步是天貴。

假如初五日生人本命文昌在子宮則自子宮起初一順數至辰宮爲初五。再退後一步爲卯宮。卽安恩光。如文曲在午宮則自午宮起初一順數至戌宮爲初五。再退後一步爲酉宮。卽安天貴餘並倣此。

安天官星訣○甲未乙龍壬犬宜丙蛇丁虎己辛雞戊兔庚豬癸宜馬其人貴顯可先知。

凡命俱以本命生年十干爲主。假如甲生人則未宮安天官。乙生人則辰宮安天

官。餘倣此。

安天福星訣〇甲愛金雞乙愛猴。丁猪丙鼠己寅頭戊尋玉兔庚壬馬辛癸逢蛇爵祿優。

此以生年十干爲主假如甲生人。則酉宮爲天福乙生人則申宮安天福。餘倣此。

安天空訣〇駕前一位是天空身命原來不可逢二主祿存若值此閻王不怕你英雄。

駕前謂太歲也假如子年生人則子宮安太歲前一位丑宮卽安天空。餘倣此二

主卽命主身主星是也。

安旬中空亡訣〇甲子旬中空戌亥甲戌旬中空申酉甲申旬中空午未甲午旬中空辰巳甲辰旬中空寅卯甲寅旬中空子丑。

假如人命生年自甲子乙丑至癸酉十年內生人俱係甲子旬中則戌亥二宮落空。餘同此推。

安截路空亡訣○甲己之歲空申酉乙庚之歲午未求丙辛生命空辰巳丁壬寅卯

最堪憂戊癸生人空子丑命犯空亡萬事休。

假如甲己生人則申酉二宮落空又有正空傍空之說如甲生人申為正空酉為

傍空如己生人酉為正空申為傍空

安天哭天虛星訣○天哭天虛起午宮午宮起子兩分踪哭逆巳行虛順未生年尋

到便居中。

凡命俱以生年十二支為主假如辰年生人則自午宮起子年逆行巳宮至寅宮

為辰便安天哭又自午宮起子年順行未宮至戌為辰便安天虛餘倣此如子年

生人即在午宮安二星便是。

安孤辰寡宿星訣○寅卯辰人安巳丑巳午未人怕申辰申酉戌人居亥未亥子丑

人寅戌填。

此以生年十二支為主假如寅卯辰年生人俱在巳宮安孤辰丑宮安寡宿餘倣

此。

安劫殺星訣○申子辰兮蛇開口。亥卯未兮猴速走。寅午戌兮猪面黑。巳酉丑兮虎哮吼。

此以生年看。假如申子辰生人巳宮安劫殺。餘倣此。

安華蓋星訣○申子辰人辰上是。巳酉丑人丑上藏。亥卯未人未上是寅午戌上成上當。

此以生年為主。假如申子辰年生人俱由辰宮安華蓋。餘倣此。

安桃花殺訣○寅午戌兔從茅裏出。申子辰雞叫亂人倫。亥卯未鼠子當頭坐。巳酉丑躍馬南方走。

此以生年為主。假如寅午戌年生人。卯宮安桃花殺。餘倣此。

安大耗殺訣○鼠忌羊頭上牛瞋馬不耕。虎嫌雞喙短兔怨猴不聲。龍憎猪面黑蛇驚犬臥茵有人犯此殺財食散伶仃。

斗數宣微

此以生年爲主假如子年生人未宮安大耗餘倣此。

安破碎殺訣○子午卯酉巳寅申巳亥雞辰戌丑未丑犯之則不宜。

此以生年爲主假如子午卯酉四年生人巳宮安破碎殺餘倣此。

安生年太歲十二神訣○一太歲二太陽三喪門四太陰五官符六死符七歲破八

龍德九白虎十福德十一吊客十二病符。

此以生年爲主假如甲子生人不問男女命俱在子宮安太歲順行一宮安一神。

安生年博士十二神訣○博士力士青龍續小耗將軍及奏書飛廉喜神病符錄大

耗伏兵至官符。

凡命俱以生年祿存宮爲主假如陽男陰女祿存在寅宮則寅宮起博士順行每

宮安一星如陰男陽女逆行安之餘並倣此。

定大限訣○大限就從局內數男女順逆分陰陽陽男陰女順推轂陰男陽女逆行

眞。

俱以命宮爲主。假如陽男陰女命安子宮屬金四局。即在子宮起四歲。順行丑宮

爲十四每十年過一宮餘傲此。

又如陰男陽女命安子宮亦屬金四局。即在子宮起四歲逆行亥宮爲十四每十

年過一宮餘傲此此限管十年之吉凶。

定小限訣○寅午戌人辰上起申子辰人戌上推亥卯未人丑上是巳酉丑人未上

歸。

以生年爲主假如寅午戌生人俱在辰宮起一歲、一年過一宮男皆順行女皆逆

行餘傲此此限管一年之吉凶。

定小兒童限訣○一命二財三疾厄四歲夫妻五福德、六歲官祿順流行七八九歲

无閒隔。

凡小兒不拘男女。俱以命宮起一歲逆數財帛宮爲二歲、疾厄宮爲三歲餘傲此。

每宮依吉凶星斷並要看流年太歲所值吉凶神臨及何限。至出童限後方照大

斗數宣微

人小限論。

定流年斗君訣○太歲宮中便起正逆囘數至生月分本月順起子時位生時到處

安斗君。

假如流年為甲子太歲即在子便從子宮起正月逆行數至本人生時止即在月

上再起子時順行數至本人生時止即于時上安斗君從斗君宮內起流年正月

順行逐月遇吉凶而斷如看逐月逐時吉凶即在月上起初一日日上起子時皆

順行。

定流年文昌星訣○甲蛇乙馬報君知丙戊申宮丁己雞庚猪辛鼠壬逢虎癸逢玉

免步雲梯，

以流年十干為主如甲子流年則文昌在巳宮乙丑流年，則文昌在午宮餘傚此。

此星用之大有奇效。

定流年三煞○三煞即刧煞災煞歲煞是也以災煞為重因臨于子午卯酉也寅午

戌殺在北方亥子丑亥卯未殺在西方申酉戌申子辰殺在南方巳午未巳酉丑

殺在東方寅卯辰。

以流年十二支為主。假如流年屬寅午戌則亥子丑三宮安流殺。餘倣此。

定竹羅三限訣〇只論三方殺破狼竹羅三限此中詳若加巨暗凶星會大小限遇

入泉鄉。

凡大小二限三方四正。遇七殺破軍貪狼三星並巨暗及流年太歲諸星殺曜交

會。其年必凶或凶中藏吉

定流祿流羊流陀訣〇甲祿到寅宮乙祿居卯府丙戊祿在巳丁巳祿居午庚祿定

居申辛祿酉上補壬祿亥中藏癸祿居在子祿前一位羊刃當祿後一位陀羅苦。

此三星用之最驗故補入以流年十二支為主不與生年分佈者相同此關一年

吉凶比如生年亦有此三星流年又遇此三星名為迭祿迭羊迭陀迭羊陀照命。

及迭羊陀夾命者最凶也迭祿合照身命雖吉不吉也。

定流年天馬訣○申子辰年馬居寅。寅午戌年馬居申。亥卯未年馬居巳。巳酉丑年

馬居亥。○此以流年爲主。如值申子辰三年。在寅宮安天馬謂之流馬大小限遇

之。或三合身命遇之。主遠行。多動少靜。再見吉星主圖謀遂意此法原書未載用

之頗有應驗。故特列入。

問答二十四條

問紫微斗數書內。如何不講起八字。○答曰定准時刻即起八字按子平法將四柱

排列、以便參考斗數雖未明載閱者當擴充之以便核對命盤互相研究頗有關係。

並能搜出由運用無窮。惟安身命及定十二宮之星曜仍照原書之訣不得取用

他法而遵舊制。

問斗數按五局定數目起大限。理宜水一火二木三金四土五之數。因何改爲水二

局火六局。其理何在。○答曰此先天之體變爲後天之用。按先天本位乾南坤北離

東坎西中五。考後天乾屬六數。坤屬二數是取先天乾卦火位而用後天乾六之數。

取先天坤卦水位而用後天坤二之數。其木三金四土五仍遵原數並無變化查斗

數注重南北水火二方。聯合先天後天體用是以有此變更也。

問此書安身命如何遇閏月便以下月排定○答曰此書本注重年上干支二字生

時地支一字其月日均重數目字故遇閏月便以下月定之若分節氣則不符矣。

問閏月若以下月定之便與下月生人同此年月日時者一例恐有未合○答曰憶

古人著書必迭加詳考出書後曆經數代相沿已久遇閏月生者便作下月推算當

有實驗始能流行至今如民國十四年乙丑四月十三交立夏為四月。閏四月十五

交芒種在芒種以前為四月。芒種以後為五月。若在閏四月十四日生者。便與前四

月十四日生者相同。又如閏四月十五日交芒種五月。五月十七日交小暑

為六月。若在閏四月十六日生者。便與五月十六日生者亦相同。故此書重月日

目字若按節令亦有雷同難免與事實不符。仍當重月日數目字。而取用干支雖同

不同恐其不合斗數之用意耳。

問既重生年干支其他書內名目能否參用。○答曰干支本定五行陰陽旺弱此書
重命宮納音與生尅制化及刑沖破害對於八字干支亦可參考其他名目只在哲
理求之。

問參考刑沖破害有何證實。○答曰如八字有此四者之一則其身命宮與三方四
正必有四殺相纏或見空劫等凶星卽如八字中有刑沖破害之意故刑沖破害與
相穿相合可作參考。

問四殺在十二宮中有何效驗。○答曰羊陀火鈴四殺雖廟旺亦是凶星不論落在
何宮皆有刑沖尅害之病如在廟旺或吉多亦福不全美若論身命宮必有刑傷破
相或連年疾病相纏。

問原斗數書取用之法。○答曰此書爲數學爲理學以數定命以理度事雖法天文
而合地理。不外乎五行爲體用如占課有用來時再加本年本月本日以定吉凶禍
福之意而此書用本生之時再加本生年月日定出吉凶禍福幷能定出終身及後

世子孫。蓋取法有自來矣。

問天空地劫本屬二星並無地空之名。或有用之者究屬從何爲是。○答曰書有二種法各不同。一本載地空地劫。爲凶煞之星。另有天空與旬空截空同類。原註云地劫爲劫殺星地空爲空亡星二星入身命均不利。考之事實頗有奇驗。一本載天空地劫。並無地空。卽目下之流行本。疑是後人重刻刪去地空。改爲天空有失本旨。仍當遵循舊制爲是。

問考查人之病症當以何宮爲主要。○答曰推測疾病當以疾厄宮爲最緊要先看身命三合。有無災煞之星。再查疾厄宮星曜之受制。如無決斷。便生猶豫。病症亦難捉摸。治療有關性命。則亦無從入手矣。必須在身命疾厄等宮推測之當有把握也。

問有從命前之宮起大限者。有從命宮內起大限者當以何說爲是。○答曰書分二種兩法皆有。如在命前起大限。考諸事實。均不相符。假如從命前一宮起大限論人生百歲後大限始能行到命宮不過百歲者。則本命宮之星曜反未行到。似有未合。

當遵從命宮內起大限較為的確人之一生尤以次宮限為要因看其造就如何。

問十二宮中如何有重複之星曜〇答曰列入宮中之星曜不可移動便以該宮斷之有生年之星曜有流年之星曜各主各事不可相混不可以重複去之。

問有安正星不佈其他吉凶星可乎〇答曰若只安正星不列其他吉凶星則見事既少斷事亦狹吉凶難定精細難求恐不能得其究竟也總以佈全為是。

問命宮如兩正星並立與助星及其他吉凶星或單守或並立當取何星斷人面色身軀性情〇答曰如兩正星並立或其他南北吉凶各星同列雖有書內成文亦要斟酌男命女命與現在之年齡定之或胖或瘦老幼不同時有變化並須參考此人屬諸何星附屬與加雜是何星若見本人則一目了然矣兼可考其生時有無錯誤

問諸星曜名稱吾人何以知之〇答曰本以五行陰陽推測再以人事而度之必有某星某星主管何事其性體亦必似之當主何吉凶而以此再推人事無有不應吾故曰本以人事度星曜復以星曜度人事其名稱蓋吾人之虛擬也所以天地間事

皆吾人心中之一動度其勢有必然矣。

問關繫一人之身命僅此十二宮乎○答曰、一人之身命雖關繫於十二宮中然在

十二宮之外尚有不可思議者有見有不見所以十二宮中排列各星曜對於一人

命內身外無一不備自有看不到處若能審透無一不應。

問火鈴二星有按地支之位安之有按地支之位起時辰安之當以何法為是○答

曰安火鈴二星當由書內所列地支之位起時辰數到生時安之驗諸事實較為有

效若在地支本位安之恐其有悞當以活為妙以飛為是、

問定天殤天使如何不分陰陽順逆○答曰、命前天殤命後天使書內明載惟遇陽

男則順行六位安之陰男則逆行六位安之譬如陰男則當逆行安天殤方為命前。

順行安天使方為命後女命亦當按大限法順逆安之考諸事實方可有驗。

問若有十二月三十日亥時生人如二十八日已交立春應如何定之○答曰既交

立春論子平法干支當取用下年惟排定此書之星曜仍用本生年干支及原月日

之數目字若改爲次年。則不符矣。

問截路空亡分陰陽否。○答曰、截路空亡占二宮。本有陰陽之分又有正空傍空之

別行運値此二宮均屬坎坷之地陰干以陰爲重陽干以陽爲重旬空亦然惟金空

則鳴。火空則發。値此宮尙佳。水空則泛。木空則折。土空則陷値此宮不吉也。

問斗君定在何宮卽以何宮爲正月。便由正月起初一扣滿三十日爲一月若至二

月再由二月起初一則將所行過之日未至一周復又退回數起恐有未符。○答曰、

書內原有安斗君訣又有明載用法相傳相習用之不疑亦無深究者若以定出斗

君爲正月。卽於斗君之宮起初一。無論大小月接連推下至年終十二月止。自無退

回之理。時辰仍由日上起亦頗有驗。

問有用流年三煞。有用飛天三煞。當所何說爲是。○答曰、現在流行本內有用飛天

三煞卽奏書將軍直符寅戌年。飛入亥卯未宮有不吉等句查該書內以奏書主

福祿爲吉曜則不能再以凶論生年既安博士十二神流年又引用之。則不必再佈

飛天三煞矣。曆書年神方位之圖一看便知斗數原書所載三煞係劫煞災煞歲煞。

為流年三煞陽年在南北陰年在東西尤以災煞為緊因臨於子午卯酉四正之方也逢之當有不祥或見戰尅之虞。

問此書若否定海外人之命運。○答曰、各列強如英俄等國皆講命理法雖不同其理則一也若將該國之曆對照陰曆定出年月日其時刻各國皆講鐘點即以鐘點定我國時支亦無不可。惟各國人士自生之日多扣滿一年始為一歲按中國法當增一歲方能相符然運用之妙仍恃乎一心。

問竹羅三限大小限遇即入泉鄉何以如此之凶○答曰書內以限遇七煞破軍貪狼為竹羅三限必須流年凶煞相纏巨暗相會主不吉詳考命盤上七煞破軍貪狼。謂之煞破狼。分布三方為全盤關鍵。如吉曜祿馬等星來輔或命垣遇之多為開創之因。或為名利兼收之人限運遇之多為更新之機強台直上其他各宮得之亦屬爭强對宮來合亦必橫發一時。

問斗數有何種參考書籍〇答曰原斗數書中。有十八飛星選擇之可作參考或其他與此有關之哲學亦可。總以有驗者爲宜。除此凡天地之所有。皆可作參考不僅古今之書籍也。

# 斗數雜論十則

雜論一　天地有陰陽之分。吾人有男女之別。男子本屬諸陽。而有秉乎陰。女子本屬諸陰。而有秉乎陽。天地陰陽之氣。參合於男女之間。故得天地中和之氣爲聖爲賢。得天地剛大之氣則爲忠臣爲烈士。得天地清虛之氣則爲隱逸爲列仙。得天地之正氣則爲君子得天地之餘氣則爲庸人。其氣雖殊其理一也。故星曜得地可以君子論之。其不得地者當以常人視之也。古有孤陰不生孤陽不長之說此爲難得陰陽和平中正之氣。其生尅之理。犬牙相錯自不待言蓋斗數一書爲知命者言理以陰陽爲體以星曜爲用學者或於陰陽之理參考便能得其梗概矣。

雜論二　男命太陰守命者雖性急心直舉止間反有女子之狀態。女命太陽守命者多性烈心快動靜間反有男子之志量推求此理可見星曜之性質大與人合如某男命丙戌年九月十五日巳時生乃太陽守命衝動太陰便有流蕩邪淫之情形。又如某女命戊戌年八月十三日子時生乃太陰守命衝動太陽便有水性楊花之

實跡。雖然如是。亦必根據福德宮爲何如耳。蓋男子太陰守命。喜與女子接近者多。

而女子太陽守命。能與男子週旋者亦多也。故男得女星有柔女得男星有剛其紫

破守命者多淫慾機梁守命者多計較巨日守命者多競爭同梁守命者多奸僞廉

貞貪狼主多好說雖然天生人命究屬在乎所秉賦者正與不正耳是故排定紫府。

便知此人之性體佈齊星曜則洞見斯人之肺肝矣。

雜論三　八字起出卽安身命便知此命要領如子午卯酉。爲四敗之地主惡又爲

桃花地此四宮安命者必爲人好酒色多風流喜交遊而飄蕩難免辰戌丑未爲四

墓之地主刑又爲孤獨地此四宮安命者必爲人外表沉厚而內多游移棄祖離宗。

刑剋六親離鄉遠處爲美寅申巳亥爲四生四馬之地主勞。又爲辛勤地此四宮安

命者必爲人聰明流洽受制於人辛勤勞碌自尋苦惱者居其多數故安定命宮不

論其富貴貧賤壽夭賢愚淫貪邪正。亦不能離此義也。

雜論四　按人事論五行中先有土。而後有金木水火故土在十二宮中無失陷。不

過有旺弱之分。如星之分野。各有所屬。太陰水爲陰水太陽火爲陽火。固不待言其

紫微屬土。乃爲陰土天府屬土乃爲陽土破軍水爲陰水廉貞火爲陰火武金爲陰

金七殺金爲陽金天機木爲陰木貪狼木爲陽木天梁土爲陽土天同水又爲陽水。

其餘諸星雖有五行之別。而陰陽之分亦要審度周詳其生尅制化之理當易明矣。

其廟陷旺相之說。則在目前四生四庫四絕之地亦須深求即如書中所云。水入火

鄉木入金鄉皆爲受制若破軍之陰水入於午火之地反爲水火既濟入於辰戌每

有升沈若入亥宮則歸本位比如江湖之水本有波瀾入於大海反不能施其威權

矣又如廉貞之陰火入於申宮爲入廟落於午宮爲陽火不利陰火雖爲受制尚可

衝動子水若入巳宮則歸本位巳火力弱又爲金之長生金能洩火之氣火氣被洩。

力量更薄反無主張也二星並立一宮。有用與無用由此考之亦能貫徹其要領矣。

雜論五　星曜有五行之分。陰陽之別。務要分清屬何五行。認定屬陰屬陽及入廟

旺陷與諸星之性情熟於胸中。斷事自然不難全盤審透不論問何事件便可應答。

看命者當存隱惡揚善之心。如悟出有何種隱情必要謹言爲妙。如家庭父子夫妻

兄弟朋友之間一表而過其次者。略示意義借題發揮亦無不可。惟在論事者之敏

捷與否看命命者祇以財官兩宮與大小運限及現在之禍福如何其他又當別論看

命盤先看命身兩宮與命身之對宮兼及合宮。次看生平大運以何宮爲强何宮爲弱現

看大小限運落於何宮與對宮兼及合宮。再看財官兩宮與對宮兼及合宮。再

行之大運如何。本年小運如何。再以安斗君法定出正月按月推下看現行月令如

何非此恐有遺漏。故須縝密無遺批評斷事庶有輕重之別矣。

雜論六　太陽守命者有孤獨苦淫之分。無論落陷與否多尅父尅子因奪父星并

尅自己太陰守命者亦有孤獨苦淫之分無論落陷與否多尅母尅女因奪母星并

尅妻妾身宮亦同會合身命垣者亦多如是若太陽在申太陰在午反先尅父其母

自然孤苦矣行日月限。或對宮亦然再參合父母宮或流年太歲冲身命以斷之太

陽在亥方小運遇之尤凶大耗限亦尅六親查人生世間。無論貧富貴賤壽夭難逃

孤獨苦淫四字。有占一字者。或二字。或三字。或四字俱備者有壽於此者有夭於彼者必恃乎深求耳。

雜論七　女命巨門守命垣者。凌夫尅子破家敗產。是非多端若太陽同宮。或與天機同宮及機梁同宮機月同宮。或爲七煞同宮會合化忌。或四煞有一尤烈男落妻妾宮終身與闔家不得安寧兩星並立一宮非純性故如是。太陽守命垣經云有早遇賢夫信可憑之語然必奪夫權佞口進讒牝雞司晨可哀也夫化忌爲多管之宿男命落於妻妾宮主問是問非多疑多慮監查男人心多猜忌婚配之舉不可不慎也。

雜論八　按經云紫府武曲雙祿主財詳考其他。如擎羊文昌左輔七煞天刑陀羅。子午破軍紅鸞天喜等曜皆爲財星擎羊之財。或十年或一年或一月或一日或一時七煞陀羅之財來則必破。或橫發之後或散去或非我所享左輔文昌之財較久遠而不絕破軍之財過則必敗。紅鸞天喜之財來則不存凡財宮財星以單守爲美。

再加吉星相輔三方吉星相照相合為妙。若見凶星得亦不聚。反出是非。太陽天梁

巨門之財必因口才爭競而得。兩正星並立一宮者皆如是。孤寡之星入財宮。財來

財去餘資何有。魁鉞文曲為兼接之財。火鈴之財。未到手即成空。鈴星又為偏財。咸

池亦主財。見財後而桃花也。是以人生世間以財為要來去各有不同耳。

雜論九　紫府寅申同宮守身命。或落於兄弟妻妾夫主子女父母等宮皆以孤論。

或續娶或孤子。或尅夫。或尅妻妾。或兄弟生離死別。或單傳。或父母早亡。若再加他

星另論他星。尤以紫府為宗仍不離此意旨太陽太陰入疾厄宮加刑煞有眼目之

疾。而日月守身垣見有羊陀火鈴四煞之一亦主眼目之疾。或吊眼羊角瘋。或痰症。

其他各宮遇此則眼目不明。時有肝鬱發於二目。致成目疾。或發現於中年。或發現

於晚景破軍與七煞守身垣。遇一多主破面相貌宮亦然相貌即父母宮也羊陀火

鈴四煞入身垣。有一亦主面傷難免身垣之對宮見有四煞之一來會亦多破面。十

二宮中見羊陀火鈴無論旺弱即以有冲破論之斗數之冲不與子平六冲法相同。

無論何宮吉星見四煞之一。卽謂之被冲。或對宮見之亦然。

雜論十　斗數之舊制定為十二垣皆有所司。其餘尚未發明。茲特擴而充之以命宮前一宮為父母宮其上為福德以福德宮作祖父宮看以田宅宮作曾祖宮看。高祖以上按次推之可考以上祖先十二代之興衰以子女宮往下推至財帛宮作嫡孫宮看以疾厄宮作曾孫宮看玄孫以下。按次推之可知後裔十二代之強弱人道卽天道變化無盡期週而復始。如春夏秋冬四時氣運不同之義也此法參考頗有應驗。故特論之按斗數多一法門俾初學者有所研究耳。

補論　凡官商兩界之人。如遇大限行至官祿宮者或來合不論此宮星曜好壞。此十年之內較比他宮為佳原因聯絡三方會合本命必得吉星擁護輔助命垣官員值此定有升遷調補之機商人值此或出意外生財之路歷經考查屢試有效所以有少年中年老年之發達。

**命盤**

**命垣**（六歲）
文曲　文昌　天鉞　紅鸞　寡宿

**父母**（十六）
地空　廉貞　命主　太歲　天姚
天空

**福德**（二十六）
咸池　天空　天台　破碎　天壽　天輔

**田宅**（三十六）
破軍　天哭　天台

**官祿**（四十六）
天同　孤辰

**奴僕**（五十六）
武曲　天府　左輔　天使　龍池
刦

**遷移**（六十六）　身垣
太陽（化權）　太陰　天魁　鈴星　天喜
小運　路

**疾厄**（七十六）
貪狼（化祿）　右弼　地刦　天殤　大馬　天虛　鳳閣
長生　空

**財帛**（八十六）
天機（化忌）　巨門　大耗　天才　天官　天福
大運　亡

**子女**
紫微　天相　陀羅　華蓋　八座　恩光　天貴

**兄弟**
七煞　擎羊

**妻妾**
天梁　祿存　火星　天刑　封誥
身主　博士

**中央：**
陳太傅寶琛
陽年男命　火六局
戊申八十八歲九月二十三日卯時
命垣納音己未天上火入火六局
戊申　壬戌　癸巳　乙卯

---

昌曲守命垣日月守身垣身命得昌曲日月之光魁鉞相守照爲坐貴向貴是以富貴壽考經云昌曲臨於丑未時準卯酉近天顏又云日月同臨官居侯伯日月坐遷移與化權尤美祿科左右夾身亦佳蓋攀龍附鳳挾此爲奇當以六十六歲後爲生平最得意之運稱晚清之太傅交到七十六歲後非此可比甲戌年春壽終後因白虎喪門衝身命垣幷小限之故大運巨門化忌大耗之鄉不吉

| | | | |
|---|---|---|---|
| 三台 陀羅 天殤 地空 地劫 七煞 紫微<br>鳳閣<br>太歲<br>五十六<br>疾厄 | 天空 咸池 祿存 左輔<br>博士<br>四十六<br>財帛 | 擎羊<br>三十六<br>子女 | 孤辰 天貴 封誥 右弼 天鉞<br>斗君<br>二十六<br>妻妾　路 |
| 寡宿 天喜 火星 文昌 天梁 天機 化科<br>六十六<br>遷移　大運 | 命垣納音甲戌山頭火入火六局<br>梁士詒總理<br>己巳六十歲 陰年男命 火六局<br>己巳六十歲三月二十四日午時<br>己巳 戊辰 丙申 甲午 | | 天官 龍池 八座 鈴星 破碎 破軍 廉貞<br>十六<br>兄弟　劫 |
| 天壽 天才 天姚 天使 天相<br>七十六<br>奴僕 | | | 文曲 化忌<br>大耗 紅鸞<br>六歲<br>身命垣　空 |
| 天福 恩光 巨門 太陽<br>長生<br>八十六<br>官祿 | 華蓋 天哭 貪狼 武曲 化祿 化權<br>命主<br>田宅 | 台輔 天魁 太陰 天同<br>福德 | 天虛 天刑 天馬 天府<br>小運　亡<br>父母 |

文曲文昌化科紅鸞守身命於巳雖落祿梁諸吉加會科甲尤多會科甲以天喜相命落祿機左機落祿諸星守身命尤紫微左輔之富夾祿拱紫之美久落祿機左落祿存祿主財庫假令財帛相照財命未甚相持尤有美玉神左輔之神內附日旺之鄉積金玉堆金靜持久富紫微左輔諸吉命主天府拱巳堆金故靜持久富財官雙美財福武貪為權夾貪狼為權種貴之宮假令命經云財蔭坐財福之宮亦佳財官雙美諸吉尤多會科甲武貪守身命橫理宅業於田武諸命吉武貪之復貪狼為權紐帆波大化一運由命行十官貴多歲每一運五徒自歲生樞相奔馳帆波按歲運老風大運投河云佳如昌曲入廟三方吉拱無坐慮恐同戌別有論理命既云昌曲入廟甚太歲老運馳冲戌辰按經云身命投河俱到辰戌命坐戌按經冲辰投河云別有斷況限行昌曲落陷者上限某行昌曲落陷三方吉拱一等大壬午人來財宮徒自逢辰戌日入吉拱無廟坐恐同戌別十六五十日未入廟拱無坐慮恐同戌逝世小限在戌上逢壬亥年亨即年不穩甲戌亦按小限在戌上某醫院亨壬申年

天機 化忌
鈴星　太陰 化科
十三　兄弟

天府
寡宿　封誥
二十三　妻妾

太陽
華蓋　天官　天才　紅鸞　地空
身垣　三十三　子女

武曲　天鉞　文昌　破軍
天福　恩光　三台
化祿　破碎
四十三　財帛

紫微　貪狼 化權
文曲 化忌
命主
命垣

太歲　巨門 化權
右弼　天空
三歲
父母
空

梁任公總長
身垣

癸酉五十六歲正月二十六日巳時
陰年男命　木三局
命垣納音辛酉石榴木入木三局

癸酉　甲寅　丙午　癸巳

天同　左輔　地劫　天殤　天壽
身主
五十三　疾厄
大運

火星　天魁　天虛
六十三　遷移

天使　大耗　劫煞
奴僕　小運

鳳閣　龍池　天姚　擎羊　七煞
官祿
劫

廉貞
路

天喜　祿存　天梁
博士
田宅

孤辰　台輔　天馬　陀羅　天相
福德
亡　長生

紫貪守命垣天府守身垣
無煞魁鉞昌加會身命
科權相夾固貴尤美者文
曲天刑入命垣天刑得地
各曰天喜神文主文刑主
權故爲總長言論傑作自
是文學泰斗惜官祿落於
劫路擎羊見七煞不久必
動又因化忌入命垣不甚
得意然廉貞七煞擎羊亦
主權令爲財運行二十三
歲後卽蒸蒸日上饒有令
名至五十二歲皆爲佳境
其後較次六十三歲後會
合身命復爲社會尊崇之
運晚年可稱逸樂不意眞
竟在此限中不祿

今人命格　二五

## 命盤

| | 巨門 左輔 祿存 咸池 大耗 | 天相 擎羊 天才 天虛 | 天同 天梁 右弼 天鉞 火星 天喜 |
|---|---|---|---|
| 廉貞 貪狼 陀羅 天哭 三台 龍池 | 命主 亡 博士 命垣 五歲 | 身主 父母 空 | 化科 福德 長生 路 |
| 化權 兄弟 十五 | | | 武曲 七殺 地劫 八座 鳳閣 天官 |
| 太陰 台輔 妻妾 二十五 | | | 化祿 田宅 劫 |
| 天府 天姚 天壽 子女 三十五 大運 | | | 太陽 寡宿 恩光 官祿 八十五 小運 |

**中央：**
命垣納晉庚午路傍土入土五局
羅文幹總長
陰年男命　土五局
己丑四十歲三月十二日戌時
己丑　戊辰　丁巳　庚戌

| 文曲 紅鸞 天福 天空 孤辰 劫煞 | 紫微 破軍 地空 鈴星 天殤 華蓋 破碎 | 天機 文昌 天魁 封誥 天貴 | 天馬 天刑 天使 |
|---|---|---|---|
| 化忌 財帛 四十五 身宮 | 疾厄 五十五 | 遷移 六十五 太歲 | 奴僕 七十五 |

## 論命

巨門守命垣，在午為石中隱玉之格。己生人福厚。左輔右弼博士，尤主聰明，諸吉主亦聰明會。喜左輔右弼祿存，諸吉主亦福厚。福德宮同梁天鉞，會以化科長貴播。命福德宮同梁之基，當以化祿相會。皆是財官兩旺之基，當化祿相會。論命故財官兩旺之基，當以化權，長貴播。說命現行七煞大運，為火空則發，限合財潤大。武曲七煞，大運為火空則發。權現化權，以長貴。身坐空亡，天相擎羊，將之明羊府。運大七煞，天相將來時境有大潤財。此盛潤屋，自福不待言，何佳境不均屬。尅出名驚人，戰矣不屬勝，本年小運不。吉太陰太陽被迫擎羊庚命，沖庚命為不善。佳吉明太陽驚人。池大耗相混，非善理財者，與祿咸。

斗數宣微

| | | | |
|---|---|---|---|
| 孤辰 大貴 文昌 祿存 天機 化忌<br>命主博士 遷移 | 龍池 火星 擎羊 天使 地空 左輔 紫微<br>疾厄 | 封誥 天喜 天鉞<br>長生 空<br>財帛 | 破軍 右弼 鈴星 天馬 鳳閣 天虛 化科<br>子女 破碎 大耗 文曲<br>流年白虎 亡 |
| 天哭 天陀羅 天殤 地刼 七煞<br>五十二 奴僕<br>流羊 斗君 | 命垣癸亥大海水入水二局<br>廖仲愷先生 | 戊寅四十八歲三月初十日巳時<br>陽年男命　水二局<br>戊寅 丙辰 庚申 辛巳 | 妻妾 華蓋 廉貞 天府<br>身垣<br>七月初一日 生年白虎 兄弟 |
| 天空 天福 天官 三台 天姚 天梁 太陽<br>身主 四十二 官祿<br>流 咸池 三殺 小大運 | | | |
| 天相 武曲<br>三十二 田宅<br>流陀 | 恩光 寡宿 天才 紅鸞 天魁 巨門 天同<br>路 太歲<br>二十二 福德 | 貪狼 化祿<br>十二 父母<br>刼 | 刼殺 台輔 天壽 八座 太陰 天刑 化權<br>命垣<br>二歲 |

太陰守命在亥，名曰月朗天門。守身昌曲加會，身命較次。文曲守身昌曲亦會，身命獲當日遷移。祿存身在外亦會佳，身命遷移。意貴之宮始十二歲後不甚，年本祿祿光行鉞會命魁不會。卯在乙丑爲官展復遇小，官祿交祿夾騰達之小運入。煞在乙卯辰陀祿夾大入流小運行，大小運七殺方爲諸凶星流入身。辰與斗君陀羅白虎入小運機行三，是年合七辰卽落於辰宮相身入命三。在戌末午辰初於是辰月初七見冲，日巳末各月皆被狙擊而亡。正二六各月皆凶兆身遷移，陀二忌尤非吉兆身命限，運夾忌而流年凶煞作黨，亦雖佳逃此流年太陰，化忌爲害絕命流年太陰。

十二宮

今人命格

## 命盤

廉貞
天貴
二十二　妻妾
長生

天才
天壽
寡宿
三十二　子女

七煞
紅鸞
台輔
天官
咸池
華蓋
四十二　財帛

天梁
天殤
天鉞
天刑
三台
破碎
大運
五十二　疾厄
財庫

天姚
天哭
八座
十二　兄弟
太歲　破軍　化祿
文昌
火星
天空
二歲　命垣
身主　亡

登酉五十六歲九月初六日子時
陰年男命　水二局
朱聲廣先生
癸酉　壬戌　辛亥　戊子
命垣納音壬戌大海水入水二局

紫微
天相
文曲命主六十二
遷移

天機
巨門　化權
天使
七十二　奴僕
鈴星
天奎
天虛

天同　身主
孤辰　天馬　地籠　地刦
天陀
亡
父母

武曲　天府　左輔　天祿　天喜
博士
旺
福德

太陽　太陰　化科
擎羊　龍池　鳳閣　華蓋
田宅
劫

貪狼　化忌
右弼　封誥　恩光　刦煞　大耗
小運　八十二　官祿

破軍守身命命在戌為旺宮癸生人
為福宜出外主孤復落空亡內附
化祿火星文武兼備常以財官兩
旺論紫相昌曲加會身命亦佳初
行大運在酉平平行入申宮較前
為美行入未宮仍無大展交到四
十二歲運行入午三方會合財權
兩旺榮膺至旅長大運將交己巳
亥與丑酉多非吉曜地刦地空陀
羅天馬刑使哭姚尤緊小限行戊
為地網是年甲子子為祿午為財
子午相冲大小運皆弱故去職復
經齊督委以師長亦不久辭職北
上丙寅年小運行子子午相會諸
星主有權七煞流羊相見復冲勤
子為刦路主勞動吳帥委以參議
不及百日吳去亦離任矣大運至
辰可為吉境然破軍水入亥歸諸
本位恐無力矣

命盤

| 父母（巳）　空 | 福德（午） | 田宅（未） | 官祿（申） |
|---|---|---|---|
| 太陽　陀羅　破碎 | 破軍　祿存　封誥　文昌　紅鸞　咸池　博士 | 天機　化科　擎羊　地空　天空　恩光　鈴星　寡宿　天宿　長生 | 紫微　天府　文曲　命主　八十二 |
| **命垣（辰）　亡**<br>武曲　右弼　二歲 | 胡文炳博士<br>陰年男命　水二局<br>丁酉二十九歲七月十五日辰時生<br>丁酉　戊申　壬寅　甲辰<br>命垣納音甲辰覆燈火入火六局 | （同上） | **奴僕（酉）**<br>太陰　化祿　天鉞　左輔　天哭　天貴　天壽　天空　天使　台輔　七十二 |
| **兄弟（卯）　劫**<br>天同　化權　身主　天刑　地劫　天虛　十二 | （同上） | （同上） | **遷移（戌）**<br>太歲　貪狼　六十二 |
| **妻妾（寅）　路**<br>火星　七煞　劫煞　大耗　天官　二十二　大運 | **子女（丑）**<br>天梁　華蓋　龍池　鳳閣　天才　三十二 | **財帛（子）**<br>廉貞　天相　天喜　身垣　四十二 | **疾厄（亥）**<br>巨門　化忌　天殤　天魁　天馬　孤辰　天福　五十二　小運 |

之武曲守命垣於辰，右弼天相為身垣，亦主孤尅。廉貞附而為財庫，於子財較足。孤弱天相左右文曲主富，紫府會身命。文昌祿存博士生，加身垣皆得。破軍福德遷移宮，官祿合文。又武魁兩旺身，水火祿存在午，待得官福德，水火既濟，可以言。按貪狼命垣相合，武福自最美。福德紫府祿存為經主，命復會合紫府，必武曲為財。對言貪狼命相合福厚，諸財身家與最利。財星若經商，卽財（祿）。現行大運日月蒸蒸日上，天鉞中吉。三十歲後會日月天鉞，四十二歲後會日月天極旺，大展懷抱，有所建樹也當。

紫微斗數命盤

中央命主資料：

命垣納音辛巳白臘金入金四局
朱謙甫詩家
乙亥六十歲十月初六日午時
陰年男命　金四局
乙亥　丙戌　己巳　庚午

今人命格

十二宮：

**巳（命垣・身垣）**　紫微 化科　七煞　地刧　地空　天馬　天虛　長生　四歲

**午（父母）**　天刑　三台　路

**未（福德）**　天哭　華蓋　刔

**申（田宅）**　天鉞　八座　封誥　天福　刔煞　恩光　亡

**酉（官祿）**　廉貞　破軍　破碎　八十四　空

**戌（奴僕）**　文曲　天使　天姚　天喜　寡宿　七十四

**亥（遷移）**　天府　鳳閣　六十四　太歲

**子（疾厄）**　天同　太陰 化忌　天殤　天魁　五十四　大運　小運

**丑（財帛）**　貪狼　武曲　咸池　台輔　地刧　左輔　右弼　四十四

**寅（子女）**　太陽　巨門　陀羅　孤辰　天貴　命主　三十四

**卯（妻妾）**　天相　祿存　火星　龍池　博士　二十四　小運

**辰（兄弟）**　天機 化祿　天梁 化權　紅鸞　鈴星　擎羊　文昌　天才　天官　大耗　天壽　身主天梁　十四

紫微七煞守身命垣在巳
旺宮乙生人財官格天府
來朝左右加會拜坐長生
以貴論所美者化科入身
命垣故爲詩家而權祿昌
曲擎羊天才機梁等曜引
之助之成名之基兆於此
矣生平奔馳苦況及地刧
地空天馬天虛諸宿之爲
害也大運四十四歲後爲
最佳境老運亦美廉貞破
軍在酉入空官貴難大展
有金空則鳴甲戌年壽終

## 命盤

| 身垣　妻妾 | 兄弟 | 命垣（二歲） | 父母（十二） |
|---|---|---|---|
| 天機　天鉞　天姚<br>破碎　天壽　刦煞　台輔 | 紫微　化權<br>右弼　天福　天哭　天虛　三台 | 天才　大耗 | 破軍　左輔　化科<br>八座　恩光　長生 |

| | | | 福德（二十二） |
|---|---|---|---|
| 七煞　華蓋　龍池<br>子女 | 命垣納音丁未天河水入水二局<br>單義甫堪輿命相家 | 壬子七十七歲五月十一日亥時生<br>陽年男命　水二局<br>壬子　丙午　辛酉　己亥 | 咸池　天喜<br>鈴星　身主　沐浴 |

| 財帛（八十二） | | | 田宅（三十二） |
|---|---|---|---|
| 太陽　天梁化祿<br>文曲　天魁　紅鸞<br>路空 | | | 廉貞　天府<br>陀羅　地刦<br>天官　鳳閣　寡宿 |

| 疾厄（七十二） | 遷移（六十二） | 奴僕（五十二） | 官祿（四十二） |
|---|---|---|---|
| 武曲化忌　天相<br>天使　天馬　孤辰<br>刦亡　大運　小亡 | 天同　巨門　天空<br>天刑　火星　封誥 | 貪狼　地空　擎羊<br>天殤　天貴<br>命主　太歲　斗君 | 太陰　文昌<br>祿存　博士 |

天才守命垣在未多才多藝三台
八座科權左右相夾日月昌曲雙
祿加會鈙入身魁合命到處遇貴
聰慧敏捷自是特長祿存入官祿
宮在職不久因羊陀相夾必暗被
排擠雖云壬祿在亥方爲家者心高性傲
利於飄流四海故官貴不展文曲入卯
難屈人下故官貴不展文曲入丑
有乘水朝東之說財庫落於刦路
空亡之內陽梁亦主爭競雙祿始
振命垣大耗外出爲吉身垣與福
德宮各星爲飄泊風塵之證遷移
諸曜亦是主張是非之宿非此不
能作術士不能揚名聲蓮行入丑
六十二歲後反佳本年大小運限
不吉經云三合明珠生旺地爲穩
入刦路空亡孤辰天馬化忌天使
步蟾宮按此詳查身命較弱諸吉
珠出海日卯月亥來朝照格日明
星未能入本身命垣故官貴不展
而名利兼收考祿存入官祿宮者
在職多不久或連起風波蓋羊陀
相夾之故耳

紫微斗數宣微（一集）附勘誤表（虛白廬藏民國刊本）

今人命格

| 遷移 | 疾厄 | 財帛 | 子女 |
|---|---|---|---|
| 天梁 紅鸞 封誥 大耗 生年 流年之文昌在巳 小運 身垣 遷移 六十六 | 七煞 天使 鈴星 七十六 疾厄 | 文曲 文昌 天鉞 天官 寡宿 身主 財帛 | 地空 廉貞祿 天哭 天馬 子女 刦空 |
| 奴僕 | | | 妻妾 |
| 紫微 天相 左輔 火星 天殤 恩光 天貴 天虛 大運 五十六 奴僕 | 朱子橋先生<br>陽年男命　火六局<br>甲戌六十二歲正月二十三日卯時<br>命垣納音乙亥山頭火入火六局<br>癸卯　丁卯　丁卯　甲戌 | | 天刑 天才 天福 天輔 台輔 亡路 妻妾 |
| 官祿 | | | 兄弟 |
| 天機 巨門 擎羊 天壽 咸池 四十六 官祿 | | | 破軍權 右弼 華蓋 太歲 兄弟 |
| 田宅 | 福德 | 父母 | 命垣 |
| 貪狼 地刦 祿存 天台 三台 龍池 博士 命主 斗君 三十六 田宅 | 太陽忌 太陰 天魁 陀羅 天姚 破碎 二十六 福德 | 武曲科 天府 八座 鳳閣 十六 父母 | 天同 天喜 天空 孤辰 刦殺 命垣 初六 |

天同守命垣在亥化福爲福德主暗合寅方祿存博士仁慈耿直博學多能天梁守身垣在巳在外飄泊火鈴相夾多動少靜紫微入奴僕難免奔走昌曲魁越互合身命垣亦佳所美者生年之流年文昌在巳主文藝聰明官祿宮巨門擊羊風波多變是非不豐大運入寅交三十六歲左右七煞破軍祿馬相聚即蒸蒸日上財權兩旺名利雙收四十六歲後美中不足五十六歲後名美財盧官有刦甲戌年衝大小運不吉乙亥年太歲歲破衝身命垣又爲大耗天馬之鄉仍非佳境丙子年吉凶相半

**命盤**

| 官祿宮 | 奴僕宮 | 遷移宮 | 疾厄宮 |
|---|---|---|---|
| 天福 鳳閣 八座 天鉞 文曲 七煞 紫微<br>八十四 官祿<br>太歲 | 天官 天才 天使 天空 咸池<br>七十四 奴僕 | 台輔<br>六十四 遷移<br>空 | 孤辰 天壽 天殤 天喜<br>五十四 疾厄 |
| 火星 左輔 天梁 天機　身主<br>田宅 | \[中宮\]<br>癸巳四十三歲正月初六日子時生<br>陰年男命　金四局<br>祁大鵬先生造<br>丁丑　庚寅　甲寅　癸巳 | | 天貴 龍池 三台 天刑<br>破碎<br>破軍 文昌 廉貞 祿<br>四十四 財帛 |
| 封誥 天魁 天相<br>身垣<br>福德 | | | 大耗 鈴星 地空 右弼<br>大運<br>三十四 子女 |
| 剋殺 紅鸞 巨門 太陽 權<br>父母 | 華蓋 天哭 恩光 天姚 擎羊 貪狼 武曲<br>命主 忌<br>小運　命垣　初四　劫路 | 祿存 地劫 太陰 天同 科<br>博士<br>斗君　兄弟 十四 | 天虛 陀羅 天馬 天府<br>二十四 妻妾 |

武貪守命垣在丑附有擎羊化忌
宜武宜商生平冒險多風波勢
所必然因落刦路之內每有刦制
奔馳之虞昌曲紫微天鉞來合文
職貴顯天相天魁守身垣主聰明
多管難免操心勞力交二十四歲
大運會官祿卽蒸蒸日上財權
兩旺可稱鴻運三十四歲左右行
地空大耗限鈴火巨門相會急欲
奮發有爲惟事與願違諸多不濟
美有貴人相助故履險如夷然聲
噪一時者亦由於此四十四歲後
行酉三方昌魁鉞化祿紫微七
煞武曲貪狼幷遇天刑爲旺丰權
令三方來合名利雙收聲榮安樂
無不備具本年白虎喪門衝命限
大耗流羊入田宅不吉明年是非
爭強財祿遂心後年白虎衝大小
限幷身垣吉凶相半

今人命格

二九

**命盤**

天才　火星　右弼　孤辰　｜　天福　封誥　龍池　天姚　文昌　天機　｜　鈴星　天喜　天鉞　陀羅　地空　破軍　紫微　｜　天虛　天鳳　天明　天殤　天馬　祿存　文曲

| | | | |
|---|---|---|---|
| 二十五 福德 | 三十五 田宅 | 四十五 官祿 | 命主博士　五十五　奴僕　長生 |

刧空　路亡　大運

天府　左輔　擎羊　大耗　破碎　六十五　遷移

太陽　化祿　天哭　十五　父母　｜　報國寺竹禪和尚

命垣納音己卯城頭土入土五局

庚寅三十六歲六月初六日辰時生

陽年男命　　土五局

庚寅　癸未　甲辰　戊辰

恩光　台輔　華蓋　天使　太陰　化科　七十五　疾厄

武曲　化權　天空　咸池　地刧　七煞　命垣　五　小運

流羊　三煞

廉貞　貪狼　刧煞　天官　身垣　財帛

天同　化忌　天梁　天刑　三台　身主　太歲　兄弟

流陀

天相　天魁　紅鸞　天壽　天寡宿　妻妾

巨門　八座　天貴　斗君　子女

**命評**

紫府朝命左輔亦佳武曲七煞守
命在卯主孤剋內附地刧天空咸
池對宮擎羊大耗宜祿羣煞福德
孤辰火星身宮廉貪刧煞皆會於
身命紫府無力故出家爲僧命太
剛而身太弱矣大運至午入刧路
空亡亦非佳境三十五歲是年甲
子小限在寅會流年祿馬幷申宮
本命祿馬長生有動機被舉爲一
刹之主然擎羊入卯見七煞爲羊
陀迭併大凶因有祿馬較輕不及
一載遇乙丑年乙祿居卯羊陀相
夾年三煞落於寅卯辰白羊冲命
羣凶團聚小限入卯羊耗見七煞
故絕於此大限入刧路空亡亦無
力經云七煞羊鈴流年白虎刑戮
災迍又云七煞臨絕地會羊陀顏囘
天折驗諸此矣

| | | | |
|---|---|---|---|
| 天辰 天福 天馬 火星 天鉞 右弼 天梁<br>孤辰 破碎 空<br>六十二 小遷移 運 | 天官 天喜 鈴星 天殤<br>七煞<br>五十二 疾厄 | 地刧 龍池 天壽<br>華蓋<br>四十二 財帛 | 廉貞 封誥 大耗<br>三 子女 |
| 紫微 天相 天使 天空<br>七十二 奴僕 亡 | 癸卯三十九歲閏五月初六日申時<br>陰年男命水二局<br>米少堂先生 | | 左輔 天虛<br>二十二 妻妾 |
| 天機 巨門 地空 天魁 天哭 權<br>太歲 身垣 官祿 | 大運<br>壬申　己丑　戊午　癸卯 | | 破軍 祿<br>十二 兄弟 |
| 天才 台輔 文昌 貪狼 天刑 三台<br>忌<br>田宅 | 寡宿 鳳閣 擎羊 太陰 太陽<br>科<br>福德　路 | 咸池 八座 紅鸞 祿存 文曲 天府 武曲<br>命主 博士<br>父母　刧 | 天同 陀羅 身主<br>初二 命垣 |

天同守命垣在亥入廟化福為福
德主推誠相與見微知著令人欽
佩內附陀羅主剛強出眾任勞任
怨魁鉞來合可謂向貴雙祿夾垣
為生成之福財祿無缺巨機守身
垣在卯入廟敦厚聰明文武皆大
貴附有化權天魁亦可名為坐貴
左右合於身命垣乃直上青雲之
基遷移移宮天梁遇馬而火星在戌
每喜藻相會多奔馳初行大運在戌
煞破狼相會定主少年英雄現行
大運入酉合官祿自二十二歲後
卽蒸蒸日上財官雙美惟巨機多
主風波三十二歲行申方入長生
合於紫府昌曲武祿諸吉相照聲
名遠播四十二歲後自當人和以
濟高枕無憂五十二歲後權位極
隆本年白虎入身垣小運行空難
免奔波不寧明年壬申小運入午
流年作衝必動此大運入午有所
建樹時也機緣一至萬勿忽諸

今人命格

## 命盤

| 妻妾 | 兄弟 | 命垣 | 父母 |
|---|---|---|---|
| 天福 台輔 八座 天姚 天鉞 天機<br>身主 太歲<br>二十六 身垣 | 咸池 天空 天官 鳳閣 右弼 紫微<br>斗君 十六 | 亡空　空 | 破軍 祿 左輔 龍池 孤辰 |
| 子女<br>天喜 寡宿 七煞<br>三十六 大運 | | | 福德<br>鈴星 三台 破碎 |
| 財帛<br>天貴 天魁 文曲 天梁 太陽<br>四十六 | | | 田宅<br>大耗 天壽 紅鸞 地刧 天封 廉貞 天府 |
| 疾厄<br>刧煞 火星 天殤 武曲 天相<br>命主 五十六 小運 | 遷移<br>華蓋 天哭 封誥 天刑 羊刃 巨門 天同<br>權 六十六 | 奴僕<br>天才 祿存 天使 地空 貪狼<br>忌 博士 七十六 | 官祿<br>天盧 恩光 天馬 陀羅 文昌 太陰<br>科 八十六 |

中宮：命垣　張崧年先生　陰男　火六局

初六　癸巳四十三歲五月初二日亥時生

四柱：癸巳　戊午　癸未　癸亥

---

命垣無正星，附星曜以對方諸星斷之。紫微破相夾命，故主富貴。魁鉞、日月有科權祿相會照，合書籍，合性情溫潤剛。巨同宮賦註云：著有科權，曲昌夾諸星，主富貴。日月哲不如學力超群，峻遠孤高。對宮紫微賦源化祿尤剛。巨會左右坐守，得機警、華昌、鳳閣以增貴。用廉貞雖方，為妻學妾業進遷。官祿宮行二月，紫源流化祿，得三方暗輔。合身之祿力會一生，姚財祿風峻騷遠孤高。自不祿，待來主妻學妾業超遷，內步青雲，合身會一生。因廉貞鸞大耗憂，左右大耗傷旺相，有所混難消。有交名利，十鸞大歲喜左與右，內主大定費運入青雲，必得消免。有榮名，迎晚業之收成象，則獲福。處榮華迎晚業之收成象，則不大獲福。本年小運在羊刃刑，天哭入身宮，主折桂兌明年身喪矣。天馬同在寅，流祿入身主，有明年。馬變化，日卯月亥蟾宮，折桂兌驛。

斗數宣微

| 天使 天鉞 三台 封誥 孤辰 | 天機 鈴星 龍池 天壽 天福 | 紫微化權 破軍 文曲 文昌 破 天喜 | 天馬 天刑 天空 地 鳳閣 恩光 天貴 天虛 |
|---|---|---|---|
| 七十四 亡 疾厄 | 八十四 財帛 | 子女 | 妻妾 破碎 大耗 台輔 八座 天府 |

太陽 火星 天哭

六十四 空咸池 遷移 身垣

七煞 武曲化忌 左輔化科 天魁 天殤 天空

五十四 傍劫 斗君 奴僕

陳叔良先生

壬寅三十四歲十二月二十七日寅

陽年男命　金四局

納音庚戌釵釧金入金四局

時

乙卯　癸丑　壬寅

| 天同化祿 身主 太歲 四十四 天梁化祿 | 天相 紅鸞 寡宿 | 巨門 擎羊 天才 天姚 | 廉貞 貪狼 右弼 祿存 博士 劫殺 |
|---|---|---|---|
| 正劫 官祿 地劫 | 小運 大運 田宅 三十 | 福德 二十四 | 命主 父母 命垣 初四 十四 |

太陰守命垣在戌太陽守身垣在
辰日月並明互相照合堪稱佳善
書內有云日辰月戌並爭耀權祿
非淺又太陰主一身之快樂羊陀
火鈴四煞互衝身命垣主財權多
憂思亦主孤剋魁鉞夾身垣得貴
人助日月爲光明火陀相混心性坦
加剛強因空亡尚能柔以濟之所
美者鈴星在午生平多偏財祿存
白無私之象惟火陀相混之宿乃
引運化祿暗合財祿無缺二十四
歲大運行子巨門羊非穩重之曜
凡百喜慶均於無意中得之眞奇
遇也惟巨羊非穩重之曜難免有
挫折之虞交三十四歲後紫府來會
曲天鉞天相天喜紅鸞諸吉來會
天日重開不但文藝有進貴人亦
皆相合富貴功名無不遂心措置
自能裕如也四十四歲後大運行
寅入正劫雖屬勞動尚稱安又
爲官祿宮定主春風得意錦上添
花樂何如之

今人命格

三二

| 劫孤天天天天<br>殺辰空喜鉞殤<br><br>五十三<br>奴僕 | 天鳳文天<br>福閣曲機<br><br>遷移　空 | 天破紫<br>使軍微權<br><br>疾厄　亡 | 台天龍<br>輔壽池　文昌<br>　　　身主<br><br>財帛 |
|---|---|---|---|
| 華恩封火左太<br>蓋光誥才星輔陽科<br>四十三<br>官祿　身垣 | 納音壬子桑柘木入木三局 | 楊近仁先生<br><br>陽男　木三局 | 戚天天<br>池刑空　天府<br><br>子女 |
| 太歲武曲忌<br>七煞<br>三十三　天魁<br>大運<br>田宅　路 | | 壬辰四十歲正月初十日寅時生<br><br>戊　庚　壬　壬<br>寅　午　寅　辰 | 天天陀右太<br>盧官羅弼陰<br><br>妻妾 |
| 天天天天<br>哭貴馬梁同<br>祿<br>二十三<br>福德　劫 | 破寡八三天地天<br>碎宿座台姚劫相<br><br>父母　小限<br>十三 | 鈴擎巨<br>星羊門<br><br>命垣　初三 | 大紅祿貪廉<br>耗鸞存狼貞<br>博士<br>命主<br>兄弟 |

兩衝在勞貴入垣姚景十用祿劫忌曲華三垣垣目有化性星遠巨
限大子碌人身與破之三官運不星七三歲無得疾儀科剛主處門
不小必不輔午亦福歲祿同煞十後心高美可守心生榮守命
穩運見寧助寅之吉十財宮天三此平人有象身慈平顯垣
辛非丼擠寅主力三耗每魁歲十氣助魁附垣曲有內在
未群身兌與亥可殺相稱財方後入雛之凶相火文附子
年餘垣四白十兩明財喜年權盛卯圖象險夾星藝合為
十皆虎三合祿戰文財氣賦四事象象夾光與之石
二坦三歲大祿主昌旺所十繁職武方勞煞四日太明文中
月途馬碌鉞動申遇常飄三風府麗動運合月機隱
二交變小夾多流倜掌泊歲權交合左陽有太職玉
十逢小運身變羊文難浪貴合後到於身合威陽嶸格
日甲運得虎入命逸稱因行於藝二命旁有陽合主
記戌祿寅有命樂晚五借官因武增身主主畏輔鈐

斗數宣微

| 遷移 | 疾厄 | 財帛 | 子女 |
|---|---|---|---|
| 天機權　祿存　紅鸞　封誥　天官　大耗<br>博士　命身主<br>六十三　小運路 | 紫微　擎羊　鈴星　天使　八座<br>七十三　空 | 文曲　文昌　穿宿<br>科身主　八十三<br>亡 | 破軍　地空　天馬　三台　天虛 |
| 七煞　左輔　陀羅　火星　天哭　天殤<br>五十三　劫 | 李明庶先生<br><br>丙戌五十歲正月十七日卯時<br>陽年男命　木三局<br><br>納音巳亥平地木入木三局<br><br>丙戌　庚寅　辛亥　辛卯 | | 天鉞　天刑　天才　台輔<br>妻妾 |
| 太陽　天梁　天壽　咸池<br>四十三　大運<br>官祿 | | | 廉貞忌　天府　右弼　恩光　天貴　華蓋<br>太歲　兄弟 |
| 武曲　天相　地劫　龍池<br>三十三　斗君　田宅 | 巨門祿　天同　天姚　破碎<br>二十三　福德歲 | 貪狼　鳳閣　天福<br>十三　父母 | 太陰　天魁　天喜　天空　孤辰　劫殺<br>三　長生　命垣 |

太陰守命垣在亥。爲月朗天門格。丙生人主貴書云太陰主一身之快樂離鄉遠處方見光明。附有天魁爲坐貴稱孤貴祿存博士、太陽昌曲科權來合諸吉擁護一生榮華怡高樂。魁宿主聰明博學孤高天然道氣橫流交四十三歲。大運入官祿宮日月昌曲魁鉞互相照合定主財權兩旺。而文藝燦爛晚年福祿綿綿永保無疆乙亥流年太歲衝身命垣小運入劫。又遇流年天馬大耗

之鄉。主尅傷耗財。太歲合尅空化忌入命垣。太陰不利。紅鸞天喜亦不宜恐有波折

之事。丙子小運入午方。雙擎羊與三煞太歲歲破相戰有變化莫測之象。雙羊陀夾

身垣與遷移受擠丁年財喜並臨戊寅年失事則吉查妻妾宮天鉞爲陰貴人主賦

性孤高天刑主刑尅對方太陽天梁咸池同宮亦主尅傷。在表面看之無大尅制豈

不知命垣太陰卽奪女星天魁爲陽貴人亦主孤尅天機祿存守身垣尤屬孤尅之

宿又遇大耗益烈辛亥日元本年乙亥天尅伏吟。

又批

命亥宮、逢太陰月朗天門官祿卯宮。遇太陽日出扶桑會文昌文曲均貴格文昌又

化科爲身主月會天魁龍池鳳閣夾福德科權祿照守福德故年少登科一生以文

會友兼紫微午宮天府戌宮書云紫府日月居旺地斷定公侯器惟木局尅納音土。

命又尅身是以後天用先天復以先天制後天宜其切磋琢磨勸心忍性不厭不倦。

鸞空尅耗等宿是以生不逢時末由大顯非天魁臨命必遇知音兩生人祿存居巳。

臨身照命等於天祿朝垣、兼會化祿亦絡不爲人下。福德天姚說者以爲風流不知

此星居丑水入土鄉、尅制功深轉成清心寡慾書云、威猛更端嚴文職有剛權太陽

爲官祿主文武皆宜正坐官祿。天刑對照故曾閱歷陸軍職任司法。巨門雖主是非、

但土命人不以此論居福德亦司法之徵財帛宮昌曲坐守主因文得財夾三台八

座合照日月、故能號召四方所辦事業通行各省天空坐命會昌曲書云命坐天空

定出家文星相會實堪誇若還文曲臨身命受蔭清閑福可嘉昔羅念菴狀元富貴

不居、入山修道以刧空臨命之故刧之以誘其出塵空之以易於悟道元神使之殆

亦宿因使然邱祖命中財空不應有妻子亦此之類據此晚年專歸佛道超以象外、

夫復何疑身宮天機祿存化權亦主於佛門有權。

今人命格

| | | | |
|---|---|---|---|
| 天虛 天馬 陀羅 地空 地刦 巨門<br>大運 長生 斗君<br>三十四 子女 | 恩光 祿存 天相 廉貞<br>博士<br>二十四 妻妾 | 天哭 天才 八座 三台 擎羊 天梁 華蓋<br>化科 十四<br>兄弟 | 封誥 封煞 天鉞 七煞<br>四歲<br>身命垣 |
| 大耗 紅鸞 鈴星 左昌 左輔 貪狼 化權<br>四十四 財帛 | 命垣納音壬申劍鋒金入金四局<br><br>己亥三十七歲正月初四日午時<br>陰年男命　金四局<br>薛子敬先生<br>己亥　丙寅　壬子　丙午 | | 破碎 天官 天刑 天同<br>父母<br><br>武曲 化祿　命主太陽<br>寡宿 天喜 右弼 文曲 化忌<br>鳳閣　福德 |
| 龍池 火星 天殤 太陰<br>五十四 疾厄 | | | 太歲 |
| 孤辰 天福 天府 紫微<br>六十四 遷移 | 天姚 天使 天機 身主<br>七十四 奴僕 小運 | 咸池 天空 天貴 台輔 天魁 破軍<br>官祿<br>八十四 | 田宅 |

路　空亡　刦

七煞天鉞守身命垣在申
為朝斗格局主文武兼備
聰明異常福祿歡喜自不
待言因落傍劫難免東奔
西馳官商各界均能如意
生平最好替人幫忙因天
鉞入官祿所以得高人輔
魁入身命化忌入福德天
助之力現行大運在巳雖
有是非坎坷落空亦無大
碍戊寅己卯兩年中宜靜
守庚辰有擠兌事或驛馬
勞動交四十四歲後大運
入辰定主名利齊來微有
虛花之處亦鳳蔡境

**命盤（紫微斗數）**

| 田宅 | 官祿 | 奴僕 | 遷移 |
|---|---|---|---|
| 天哭 天福 天貴 龍池 火星 太陽<br>化權<br>小限 正刦 | 大耗 咸池 三台 天魁 文曲 左輔 破軍<br>化科<br>身 | 天虛 恩光 天壽 天使 天機 | 八座 天喜 陀羅 文昌 右弼 紫微 天府<br>台輔<br>化忌<br>六十三 |
| 福德 | 　 | 　 | 疾厄 |
| 武曲 封誥<br>旁刦 | 命垣納首松柏木入木三局 | 馬道存先生造<br>陰年男命　木三局 | 天宮 地空 天殤 太陰<br>鳳閣 祿存 博士<br>五十三 |
| 父母 | 　 | 辛丑三十五歲三月十三日寅時 | 財帛 |
| 天才 天姚 天同 | 　 | 辛丑　壬辰　己卯　丙寅 | 貪狼<br>擎羊 寬宿<br>四十三 |
| 命垣　初三 | 兄弟　十三 | 妻妾　二十三 | 子女　三十三 |
| 劫殺 孤辰 紅鸞 天鉞 七煞 | 破碎 華蓋 地劫 天梁<br>太歲 | 鈴星 天相 廉貞<br>身主 | 巨門 化祿 天馬 天刑<br>斗君大運　命主 |

斗格七煞守命垣在寅，合有紫府為朝斗格，因遷移宮魁鉞昌曲化忌又會文，貴多因風波。遷移官祿宮陀羅曲忌又為擾亂，故之高美，以致身心性又為攪亂，其武曲化忌皆為中。孤明貞精神孤高，有破身垣，孤偏然主多亂。聰明宜靜養，現有淫盜破耗，咸池化身又為文亂。星廉貞火星並左右混持，行運之咸池化辧身主。損有十三，火對方在巳旺，右大運之咸池科文。本年有制四小財權，歲星並左右行，亦左方為利。剋制四總正官馬喜，對方在巳最造，因巨門之田宅。流年官祿入身垣，或見破合身垣，最進年化科入鄉。昌入官祿運，有馬喜亦方造田宅，遇收戌歲是火。明年太歲小歲破，行午大流年益者，三入喪門流。衝命太歲，或見破失和，於大耗化忌合流，身亦主。羊刃流年，正官祿入身垣之苦惱事入午。流丁年廉貞化祿，與流身亦流。繁丁年廉貞流祿合身亦是。方有擠兌，瑕瑜互是年，大耗入午。

斗數宣微　今人命格

三四

七五

| 天刑 天喜 太陽 祿存 博士<br>天官 天空<br>孤辰<br>刧殺<br>時生變　小限 十五日子<br>路　疾厄 | 鳳閣 台輔 破軍 擎羊<br>白虎<br>財帛 | 天機 權<br>白虎<br>子女 | 誹池 天府 紫微<br>妻妾 |
|---|---|---|---|
| 華蓋 文曲 武曲<br>流年 大耗 紅鸞<br>太歲 天同 祿<br>遷移 天貴<br>刧 | 王洪叙造<br>陽年男命 木三局<br>甲子 戊戌 丙辰<br>　巳卯 | 丙辰二十歲九月十三日子時生 | 天姚 咸池 恩光 天鉞 太陰<br>弔客<br>十九日 兄弟<br>三煞 |
| 天貴 天同 祿<br>流祿 斗君<br>奴僕 | | | 天虛 鈴星 文昌 貪狼<br>身主<br>命垣 身 科<br>初三 |
| 天哭 天才 八座 天馬 火星 右弼 七殺<br>流陀 官祿<br>天壽<br>封誥 | 破碎 寡宿 天梁<br>絕命星 喪門 辰時初剝見<br>田宅 亡 | 天福 三台 左輔 天相 廉貞<br>命主 忌<br>福德 空 | 地空 大耗 紅鸞 天魁 巨門<br>寅時魂魄 巳離<br>太歲 十三 大運 父母 |

靜生其字也河北省良鄉
縣人生於北平葬於西郊
紫竹院之東南山高阜用
丙山壬向兼子午三分北
有蓮溪再北爲長河直達
高亮橋乃發源玉泉山西
北有萬壽寺佛樓高聳叢
樹綠繞頗可觀焉

貪狼文昌守身命垣在戌。魁鉞相夾。武曲文曲來合。附有鈴星為旺主文武兼備靜

生之為人也。心性剛強。耿直無私。雖屬少年。舉止沉厚老氣橫秋。好讀詩書工山水

人物頗似清湘法道學命理尤其所喜眞風流儒雅之士也不幸限運不扶染於時

令。未至一週竟於乙亥年正月十九日辰時將所秉賦者還諸天地查其致命之由

癸酉春卽患肝旺頭暈之疾因日元為己卯卯酉作衝流年貪狼化忌流羊入田宅。

不喜在家。多動少靜益傷肝胃又值太陽入身命垣。大耗入官祿宮應付書盡心性

益烈心氣益虧次年甲戌太歲壓身命垣。卯與成合化忌入疾厄。小限行辰為天羅

被衝。限運卽不穩書云鈴昌羅武限至投河又云限至天羅地網屈原有沉溺之殃。

雖未投河病已深入藥亦無效不勝為人才痛惜大限在亥巨門大耗空刧非佳交

乙亥卯又合小運行已入刧路空亡生年之祿與流年之馬被太歲歲破作衝兩

限已倒。故逍遙而去鳴呼壽命不永非人力所能挽救書云祿倒馬倒忌太歲之合

刧空。驗諸此矣太陽限亦主尅本身。

究其病源。實造因於壬申秋冬之間。壬祿在亥與生年丙祿在巳羊陀迭併白虎喪門衝身命。武曲化忌在遷移。即不吉也延長兩載有餘。始終未愈惟詩畫蒼老盆加超脫。幷自知不祿。常對余言諸多傷心厭世語。余以他意解之。而亦不能也。即所謂巳土臨于卯位未中年而灰心。又天元秀氣云巳土居卯聰明智辯。

考其疾厄宮。太陽主頭部疾肝旺頭暈合有祿存巨門主脾胃疾而好氣。勞碌奔波火盛土焦土不能生金則肺虛氣虧無疑。蓋心性剛強太過者有如斯之害。亦可憐矣余與之徘徊年限最久。故知其詳今竟先我而去不知相見在於何時。特識於此以俟將來會晤時道及之。

心一堂術數古籍珍本叢刊　星命類　紫微斗數系列

斗數宣微

| 武曲化權 破軍 天殤 紅鸞 大耗 | 太陽化祿 寡宿 天路 | 天府 天刑 天鉞 天使 陀羅 | 天機 太陰化科 祿存 天馬 天哭 博士 |
|---|---|---|---|
| 大運 五十六 奴僕 | 六十六 遷移 | 七十六 疾厄 | 八十六 財帛 |
| 天同化忌 文曲 天虛 四十六 官祿（小運） | 壬戌七十三歲四月初二日壽終　孔夫子仲尼　陽年男命火六局　庚戌七十三歲十一月初一日子時 | | 紫微 貪狼 擎羊 子女 |
| 鈴星 咸池 三十六 田宅（亡） | | | 巨門 文昌 華蓋 妻姜 |
| 左輔 龍池 三台 二十六 福德 空 長生 | 廉貞 七煞 火星 天魁 破碎 十六 父母 | 天梁 右弼 鳳閣 八座 六歲 身命垣 斗君 | 天相 地劫 地空 天空 天喜 天姚 孤辰 劫煞 兄弟 |

天梁守身命，命在子入廟，日月雙祿，文曲化科，博士加會右弼為輔，左輔長生落於福德。經云天梁主人清秀溫和，形神穩重，性情磊落。得昌曲左右加會，位至台省，故為魯司寇。又云天梁太陽昌祿合臚傳第一名。歌云天文章有聲名。天梁本為善談道理之宿，故夫子文章冠於一時，并為後世法。初行大運十六歲，左輔長生，會日月祿馬，本以美論，魁鉞紫府較佳。二十六歲後惜行空亡，日午落刦，機月同宮，又為心地窄小之宿，所遇均非其人。三十六歲後仍行空亡，本宮星曜不佳，會合紫府天相可得貴人輔助，而天府落刦，勞有陀羅諸凶作難，天相與諸敗同宮，更無力矣，反凶。對宮紫貪貴宿，又被擎羊沖散，此運祇主飢贈。四十六後入官祿宮，當大展懷抱，而化忌巨門又

爲是非不順之星五十六歲後入巳宮對方亥宮星曜不吉故主周遊列國奔馳不寧經云夫子絕糧限到

天殤之內又逢大耗尤烈限行至午爲一生之美運七十三歲小運入天羅忌巨非吉又遇太歲歲破白虎

入大限沖身命喪門流羊力士在子太歲流陀在戌是年三煞在亥子丑身命旣弱諸凶爲迭復沖大小運

是以終爲時壬戌年四月初二日斗君在子四月在卯初二日在辰五六七月未能行過査化忌入官祿宮

一生多不順利爲害非淺殤使相夾大運按此造不吉故難脫過此限也

再査父母宮廉貞七煞主武又兼火星天魁性主勇猛故叔梁紇爲健將頗有威名兄弟宮空刦對宮破殤

大耗主有傷殘若無天相恐難生存妻宮以文昌華蓋論丰清高能持家政子女宮紫貪本主後嗣不旺雖

有伯魚而早亡又擎羊有衝又見對宮鈴星煞重爲剋財帛宮爲嫡孫之宮內佈機月祿馬博士化科各吉星

以是得子思繼續家風著述利於後世遷移宮太陽落於午宮雖非命垣亦可名爲日麗天中內附化祿

到處得人挹注因有刦路利多不取而歷次被侮亦因刦路爲倡奴僕宮惜作弟子論武破主孤主勇天殤

主天又見對方空刦孤辰刦煞多主孤苦飄泊紅鸞天喜天相爲姚化權學識醇正各具所長官祿宮天同

水入水庫不得發展其得力處以文曲兼對宮文昌對宮巨門均主是非爭持假如

官祿宮若有煞星反得威權持久決不至爲魯司冠只三月去職田宅宮鈴星咸池田園零落惟喜對宮紫

貪最妙逝後爲歷朝封贈流永久福德宮左輔龍池三台雖然位高品貴而對宮機月祿存天馬福難實

享身主奔馳化科博士皆爲文豪是以爲萬世師也

## 命理宣微陰陽二宅合論

紫微斗數本為推命之書全盤星曜六十三位分布於十二宮中各有所司雖係命
理之作然關繫於陰陽二宅亦有所屬故發明之以宣其微法以全部分論定院內
為內局院外為外局屋中為內局院中為外局又有入局不入局之分命盤無此種
星曜事實雖近為不入局必與我命中無關係命盤有此種星曜事實雖遠年代未
達亦為入局必與我命中有關係或發現於既往或發現於將來或發現於昨日或
發現於今時或去之離之而復繼之陰宅亦若是焉凡命盤所列之星無論城鄉山
野近則院屋四鄰遠則數里或數十里皆有所屬考諸事實其驗頗切始敢公諸
同好而共研究也。

宅葬兩經歷代皆有講求而箸述之故世人尚之廣矣或就形勢或取卦例或講龍
砂或剖生尅均有議論宏辨若延堪輿家至三人者各據理由無所適從如披此書
一查便知現得何方之氣何方為利何方為害吉凶禍福立斷而宅葬亦有挹注假

令有吉宅一所。兄弟四人同居既云吉宅。當並騰達。何有向隅者。盖所得之氣不同。

而吉凶之方亦異也塋地亦如之隋文帝曰我家墓田若云不吉我不當爲天子者

云吉。我弟不當戰死余故曰所得之氣不同而吉凶之方亦異也得凶則凶得吉則

吉居吉則吉居凶則凶往凶則凶往吉則吉吾人當有先知之法方能趨吉避凶所

以執此書熟習之可消滅一切不祥登仁壽之域納福祿之門貧者可以致富賤者

可以致貴。而動靜自然咸宜矣雖牲畜之微亦不能離此義理也 安星法。仍用原

斗數安星訣按本人年月日時布齊眾星後以子爲北以午爲南以卯爲東以酉爲

西經緯既有八方已定按宮審查可知闔院各屋以至全部分之吉凶與各屋中所

住之男女形性善惡及四鄰之旺弱休咎而牲畜等類均瞭如指掌陰宅亦本此意。

如移去或外出雖有變動亦不能離此大旨無論自置或租賃之房屋若日久漸漸

與我之命盤復合假如有美好之宅院居住而不得順利蓋所住之屋所行之門不

相宜也若改變吉方。漸漸必佳又如有雄厚之塋地而不發展蓋我應葬之山向不

斗數宣微

相宜也。或外局冲破。若聚淨土以蔽之。或將山向撥調之。必然漸漸獲福。金門宅經

云得地得宮。世貴名雄。失地失宮。流離蒿蓬。得地失宮。有始無終。失地得宮。衣食過

充。斗數之法。以宮為房間。以地為全宅。以宮為山向。以地為全塋。以宮為陰宅。以地

為陽宅。以地為命盤。以宮為十二垣。皆有深意存焉。用其字面為此書之表裏。

陰陽二宅。以得氣為要。得氣者昌。失氣者亡。院屋墓田。不獲日月之光。各處黑暗。樹

木嚴密而氣不流通。即為死氣之宅。人必孤獨多病。而宅亦傾圮矣。有陰無陽不生。

有陽無陰不長。陰陽之氣配合方為吉宅。諸事乃濟。夫天地之大。託日月為明。一身

之榮。託兩目為光。日月能照萬物。兩目能識萬情。故陰陽二宅。至於屋內。當作如是

觀。若二目不明。日月失輝。即成衰敗之象。豈可敷衍而不顧及哉。世之父母肥而子

孫瘦。父母壽而子孫夭者何也。必所秉之氣不同。而陰陽二宅亦如是也。

陰陽二宅。如醫生療病。無論何症。必要設法治之。若成不治之病宜速移去。不可遲

綏。遲則禍害破敗必屢見迭出。彼時再欲遷動。貧賤孤獨之象已見而收束實難矣。

惟陰陽二宅不吉。必有不吉之處。一閱此書之指定。而我便知。既知之後。可防患於
未然幷免行運坎坷較醫生有先知之妙。自治之方。勿使延岩運而不能治之時也
觀夫天道有變地道有變人道亦有變故發明斗數之精微以洞明人道之變天道
地道神而明之亦貫澈其中矣天有五行。地有五行。人有五行。而人日日所接近者
又爲五行。故一院之中一屋之內皆有所屬如桌櫃箱匣書畫鏡鐘沐首之盈貯水
之缸墻壁所懸地面所列及一切應用等物若心領神會。智人自能超悟也。執此書
於左右人人皆可自考陰陽二宅以何方爲吉何方爲凶而吾個人現得何方之氣
何方土脈何方水法查從前現在及將來有何變動。一覩此盤吉凶立判代人看雖
不赴該處實地查驗卽以該人命盤斟酌旺弱現得何方氣脈受何方牽制與運限
有何種關係是吉是凶應如何調理趨避之應如何年年補修之。勿使殘破而取康
平。此書之法較他寬廣敏捷雖數百里之遠千萬里之遙。一閱命盤不但陰陽二宅。
如在目前卽內外局一切隱情亦難藏匿講習精神學者亦可作一研究資料云耳。

地理書云尋龍容易點穴難又云三年尋龍十年點穴若按此書用亡者之命盤或

長子之命盤查水源測土脈審明吉凶之垣應坐應向立辨得失山向既得點穴亦

易。何用魷延時日再推吉宮以貽後人若有坎坷不平當修補之或見內局不吉沖

陷等病外局不淨破碎等病卽用客土培墊之或聚高土遮避之使其勿見其破而

觀其淨若強作形勢貪其朝對或拙爲害匪淺陰陽二宅當以藏風聚氣爲要。

天地之範。不外乎八卦八卦無全吉五行無定位利於彼而害於此萬難十全犬牙

相錯難得其眞象而益於吾個人者，尤難純吉無凶不過取其大醇小疵而已大凡

北省之地平陽最多缺少河道是故地面眞水平陽難得雖得之亦未必入我命中。

爲我所有故不及地脈之氣者地氣也地脈足則有氣升騰最速百日後立見影

響若知地脈之氣則用此書審查卽知旺於何方流行何方。眞象既知取之不盡用

之不竭而天地之良好精華於斯可得此爲天地自然之氣。非人力強使之者可比。

若表面布卦例講五行用人力造作決不能使天然之氣爲我所得此書係取自然

之方得自然之氣而葬之居之何愁不發。

陽宅如有五層三層等類卽以命盤之方位。再推開一層。或二層。至三四層或將該

層所居之人命盤考查亦可。如有東院。卽以寅卯辰推出丑巳兼用。其西南北三方

各院亦按此法。一室之中。則縮小之。是以放之則彌六合卷之則退藏於密其味無

窮。皆實學也。玩索而有得焉。假如院內南房前偏東。有樹一株。雖係南方。若縮小之。

亦為東南。可以東南論其他如此類推概不備載。　諸星有吉凶旺弱之分。如紫微

天府太陽左輔天梁魁鉞。其次武曲天相祿科權為吉星。在旺宮或吉多皆可居葬。

七煞破軍太陰地空地刼天馬天姚咸池大耗刼路空亡羊陀火鈴四煞皆不宜坐

向吉凶相混複雜不純。不可居葬凡十二宮見四煞之一。皆為沖破之方。流年羊陀

亦為沖論生年三煞不可葬以防流年再迭流年太歲歲破白虎喪門吊客之方宜

避。羊陀相夾之方。不可居葬。以防流年相迭果然純吉亦可微錯變化用之其他仍

遵曆書較為愼重。

## 命理宣微陰陽二宅諸星所屬吉凶總論

紫微　其色紅黃或赤紅主有寬厚誠實之人或富戶充裕之家與高阜土地、土坡、土嶺山頭山坡丘陵及高人之坟墓磚窰街門房屋或見微高之平原等類皆爲入局。主慈宜靜以吉論加煞爲冲半吉。

天機　其色青黃或青黑主有爭持計較之人或謹慎辛勤之家與樹木森林電杆、橋木、破屋、露骨及後窗樓窗立木燈杆木牌木棚堆積柴草機械農具編織器具等類皆爲入局有榮枯之別吉凶之分。

太陽　其色紅黃或赤紅喜動主有剛強爭競之人富足隆盛之家與高阜嶺崗丘陵坟墓及微凸突出高起等類皆爲入局以吉論有冲爲破半吉落陷失輝與見煞主孤苦陽光太過亦不吉入酉戌亥子丑各宮以院屋墻壁物品均屬黑暗斷。

武曲　其色青黃或青白主有性剛心直之人或商業富足武職孤寡之家與廟宇、僧道寺塔坟墓高樓山石高屋山墻土山烟筒孤牧及突然而立之物皆爲入局以

吉論。

天同　其色黃白或青黃主有文武流合之人積蓄小康之家與水道、溝渠、井泉、水坑、湖灘、山澗、及江海大小之河或低窪之地方等類皆爲入局以半吉論。

廉貞　其色紅黃或青黃主有善言舌辯諂佞妒婦之人、時常口角之家與樹木森林、柴草籬障瓦礫荆棘等類及院落房舍堆積破爛各物土山土塊小廟財神樓皆爲入局有吉凶之分。

天府　其色紅白或黃白主有爭權奪利之人來財甚旺之家有不持久之憾與高聳之峯山頭土山土崗及徽高之土地牌坊房山等類皆爲入局以吉論加煞爲冲。

太陰　其色紅黑或青白喜靜主有奔波遠行之人、忽起忽落之家與水坑、水池、水道澤溪湖海江河井泉葦塘及山澗溝渠水淀下窪微凹微低及漸低一片之土地院屋墻物黑暗等類皆爲入局有吉凶之分失輝孤苦半吉亦主樹木因有陰也暗

斗數宣微

則不吉孤獨多病。

貪狼　其色青黃或青白。主有性鄙貪取之人、辛勤勞動之家。與衙署、吏役商賈樹木、森林、電杆立木船隻几案及公共處所房簷椽木堆積柴草破爛物品院屋不淨、或有青白色蒼茫遠地一片、皆爲入局有榮枯之分吉凶之別。

巨門　其色青黑或青黃主有搬弄是非之人口角爭鬪之家與水溝、水道、天溝、窗門井橋、破墻豁口道口小門、夾道土山土崗地邊各殘破往下流水及火車經過之鐵橋、烟筒吉星樓等類皆爲入局以凶論。

天相　其色紅黃或青白主有調停多管經商流合之人、與水道、水坑、河水、澗水流來之水、與他水會合交流及箱匣木器之類皆爲入局以半吉論。

天梁　其色黃白或青黃主有文武耐勞之人、耿直孤獨口舌相爭剋妻之家與土坡、土山土嶺沙隴孤坟及微高之土地皆爲入局有旺弱之分，

七煞　其色紅黃或青黃主有刑傷剛強之人、孤獨商賈武職之家。與山石、山頭、廟

斗數宣微

陰陽二宅諸星吉凶總論

四一

八九

字高樓寺塔坟墓牆角房角獸頭房脊高處花瓦缺陷殘破公共處所樓窗等類皆為入局有吉凶之分。

破軍　其色青黑或青黃。主有勞碌不寧破面孤獨商賈文武游移漂泊之人與大坑河道江湖河海灘溪聚水下窪破爛磚石順水流行或堆積殘破房簷如簑衣破牆水缸地面不整破局破大門破山破敗之家或先破後成先成後破與破敗之院落草蓆猪羊屠宰各生意榮市小市如水面一片之土地等類皆為入局有吉凶之分。

左輔　其色黃白或青白。主有謹慎辛勤之人經商有業之家與高坡土山土墓及微高之土地房舍廢基皆為入局有吉凶之分。

右弼　其色青黑或黃黑主有心小勞碌操持家務之人與水道水溝小河流水豁口井泉不旺味苦水坑水缸溝眼水壺筒盂等類皆為入局有旺弱之分。

文曲　其色青黑或青黃主有文士手藝孤苦之人與喜金石文玩讀書之家衙署、

學校、水坑、水道、水池地面微凹之處、微低之坡皆為入局、有旺弱之分。

文昌　其色青白或黃白主有性直心獨之人、與文廟學校及讀書之家、善於書畫、

敬惜字紙書肆、土崗土坡等類皆為入局有旺弱之分。

地刦　其色紅黑或青黃主有奔馳勞動被屈身矮之人、與短墻、豬圈地崗分隴阡

陌隔斷爐坑土坑院屋坟墓地面坎坷不平堆積磚石汚土等類皆為入局不吉。

地空　其色青黑或青黃主有勞碌不寧僧道走亡之人、或有被陷者罷官失事、及

地面坎坷大小土坑爐坑下窪之處、濠溝水溝地窖地窰豬圈煤窰土井水井空地、

空院等類皆為入局非吉。

天殤　其色紅黃或青黑主有疾病破敗之人、與殘破不完整之地方。或見孤寡傷

殘官非喪亡破敗之家入於奴僕宮則奴僕多病內傷虛耗者皆為入局會吉半凶。

天使　其色青黃或紅黑主有竊取苟且之人與被人主動被竊嫌疑、厠所廢地廢

物、及一切虐待貪圖喪亡破敗遺失強硬攜走物件等類入於奴僕宮則奴僕有侵

主倚勢之人皆爲入局非吉。

天魁　其色紅黃或青黃主有心直口快性急出頭、露面能事多管之人與碑樓、亭臺山崗山坡土嶺坟墓茂盛之樹木、土地巍峨之山石雄壯映目之類皆爲入局以純吉論、見煞爲冲次吉。

天鉞　其色紅黃或黃白主有忠厚心慈性緩善言濟困扶危操勞堅忍之人與微高之土地山坡土崗及清靜之地方孤獨之人他家坟墓園林佳宅等類皆爲入局。以吉論見煞力弱或私情淫佚。

祿存　其色青黃或紅黃主有孤獨富足惜財刻薄辛勤之人與土崗土坡高阜及微高之土地坟墓窨墩等類皆爲入局有旺弱之分。

擎羊　其色青白或青黑主有奸滑是非傷殘破面飄泊之人離散之家與墻壁大小之道路及义路兩分之房地地邊谿口山坡之分水嶺水車胡同窮道等類、生死別離皆爲入局不以吉論。

紫微斗數宣微（一集）附勘誤表（虛白廬藏民國刊本）

陰陽二宅諸星吉凶總論

四二一

九一

陀羅　其色青白或青黃主有心性狡滑殘傷破面之人。與隔斷之墻垣道途甬路、

殘缺不齊不整破敗之處磚灰砂石之墓兩分之地邊破爛磚石碾磨起坆分家析

產等類皆爲入局非吉。

火星　其色紅黑或青紅主有性情暴烈孤獨傷殘陰毒破面離散覡覦之人、與廟

宇廟基山尖山頭道途僧道坟墓寺塔廟墻火爐等類皆爲入局、有吉凶之分。

鈴星　其色青紅或青黃主有孤獨敏慧性急心多眼疾殘傷之人。與墻房之磚瓦、

鎗眼、溝眼、窗櫺透亮之處、及玲瓏寺塔廟脊皆爲入局、有吉凶之分。

天馬　其色紅白或紅黃主勞動心緒不寧走亡在外之人。與夾道中廁道途地邊

微低地角缺殘牲畜之棚車門漏屋馬道或苦守操勞之家破敗之處殘破之物皆

爲入局、有吉凶之分。

紅鸞　其色紅白或青黃主有浮華流蕩他方之人。與喜慶團聚歡合之事及水坑、

水池水道魚缸等類皆爲入局有吉凶之分會大耗因紅鸞而傷財。

天喜　其色紅白或黃白主有直爽流合他方孤獨之人、與水窪、水溝、水道、及喜慶
團聚歡騰之事、皆爲入局有吉凶之分。

天姚　其色紅黃或紅黑主有直爽風流飄蕩、學識術士私情等人、與地潞、暗溝、水
坑、水道、廁所之類、及各種土井、皆爲入局有吉凶之分。

天刑　其色紅白或青黃主有文武勞動商賈孤獨、僧道官役傷殘帶疾之人、與被
罪走亡官非及牢獄當鋪刀剪石塊等物、皆爲入局有吉凶之分。

三台　其色青黃或青白主有耿直心實之人、與亭臺樓閣山門、房舍、堦石坟墓、山
坡、土崗、凡三列之勢、皆爲入局以吉論。

八座　其色黃白或青黃主有爽快心善之人、與樓臺殿閣亭榭、及土山、土坡、影璧、
宮門、坟墓等類、凡八字之勢、皆爲入局以吉論。

龍池　其色紅白或紅黃主有英才伶利之人、與水道、水泉、水井坑池、及微高之土
地一切雕梁樓臺殿宇、水榭池塘魚缸之類、皆爲入局以吉論。

鳳閣　其色紅黃或靑白主有文雅錦繡之人。與門樓宮門牌樓碑樓山土之嶺、雕樑畫棟、雞窩鴿窩之類。皆爲入局。

天才　其色靑黃或黃白主有性情直爽多才多藝之人。與坟墓高臺土山土坡、山頭樹林書閣書案雕樑等類皆爲入局以吉論。

天壽　其色靑紅或靑黃主有直率忠厚。勞動年高之人。與土山、土坡、高阜、山頭等類皆爲入局以吉論。

台輔　其色紅黃或黃白主有文人高士正直之人。與高阜土坡、土嶺及微高之土地、亭臺磚塔等類皆爲入局以吉論。

封誥　其色黑黃或黃白主有幹練藝術之人與亭臺高坡、土山土崗碑樓牌坊、整齊之處皆爲入局以吉論。

恩光　其色紅黃或黃白主有耿直磊落多才多藝風流濟急利物之人。與廟宇、土阜、慈善各地方玻璃文具等類皆爲入局以吉論。

天貴　其色青黃或青白主有厚重直爽孤獨之人。與土阜、亭臺文雅玩物等類皆爲入局以吉論。

天官　其色黃白或青黃主有直率謹愼安逸失職之人。與丘陵、廟宇、隱然光華者。皆爲入局以吉論。

天福　其色紅白或黃白主有心急性直多動多管之人。與道邊之土坡、土崗、土山、及房舍、等類皆爲入局以吉論。

天哭　其色紅黃或青黃主有孤獨、失業失職死亡貧苦之人。與磚瓦、後窗殘破爛物、悲哀之事皆爲入局非吉。

天虛　其色紅黑或青黃主有孤獨困苦、失事敗業之人。與高處之物、空虛之家夾道空屋後窗各種殘破等類皆爲入局以凶論。

孤辰　其色青黃或青黑主有孤寡殘疾飄流之人、或敗絕孤苦之家。與坟墓丘陵、孤樹孤峯、亭塔之類孤立之物。皆爲入局有吉凶之分。

寡宿　其色青黑或紅黃主有孤孀、死絕殘疾辛勤勞碌、工藝之人與空地空屋、坟墓之類凡敗氣之處皆為入局非吉。

劫煞　其色青黃或紅黑主有性急心很、破敗散財、掣肘牽動之人與階石門坎、土岡阡陌殘破地面不平之處皆為入局不吉。

華蓋　其色紅黃或青紅主有孤寡心直口快自立之人與亭臺牌坊、廟宇坟塔房舍及旛傘之形勢儀仗門樓等物、樹木土崗等類皆為入局半吉。

咸池　其色紅黃或青黃主有心直性急散財離祖浮蕩虛花孤獨破產之人私情淫藝之事與廁所水坑水道堆積破爛物件及不潔之處或書畫鏡臺之類皆為入局不吉。

大耗　其色紅黃或青黑主有僧道孤寡暗消破敗之人家與大院、空地大坑柴草殘破房門、敝棚煤堆荒廢地方、堆積破爛農器編織等具、廁所猪圈皆為入局不吉。

破碎　其色青黃或青黑主有勞碌不寧孤苦之人煩瑣之事與殘破地方、磚瓦、石

塊、柴草木料堆積破爛繁雜等類、皆爲入局。

天空　其色紅黃或青白主有孤寡性獨游移之人。與遠望水面、樓閣亭臺塔寺房舍山峰雲岫樹稍高樹天燈無線電桿鐘樓吉星之樓空地空院夾道高大之房舍破處能見天日等類皆爲入局有吉凶之分。

化祿　其色黃白或青黃主有蓄財職業操勞之人與土坡岡嶺及微高之土地、皆爲入局以純吉論。

化權　其色青黃或黃白主有立業經營操勞之人與樹木森林屋舍木器等類、皆爲入局以純吉論。

化科　其色青白或青黃主有聰明英才風月飄蕩文士手藝之人與水坑水泉水源文具等類皆爲入局以吉論。

化忌　其色青黑或青黃主有是非、多管性急心躁多病之人與溝眼水道暗溝水坑、水池天溝等類皆爲入局以凶論。

空亡　其色青黑或青黄主有孤苦勞碌、疑是疑非、心懸兩地之人、與道途隔斷、河

道夾道空院空地空屋坑窪缺殘皆爲入局有吉凶之分。

截路　其色青黑或青黄主有奔馳不展、勞碌不寧、抑鬱不舒、謹愼惜財、木訥面善

之人、與道途間斷河道坑坎阡陌土坑、土台爐台缺殘遮蔽等類皆爲入局、非吉有

正傍之分。

## 陰陽二宅應見土色法

人多知衡水之輕重而不知各處土量亦有輕重之分氣脈自不同也色亦有異焉。

雖一塊之土畝之田其色自有殊別況地宮爲息壤乃太古坤元之厚載滔天束

流始現大地決塞淤泥每據爲龍砂復經歷代之變遷水冲沙壓土物相雜舊墓亂

塚年湮久平或房廟傾圯之丘基或磚瓦取土之坑窰已屬洩氣之所何可再卜宅

兆是以爲人置宅圖墓以避禍求福者尤當審查以上地勢人多知以水爲財其不

知容水氣者當以土爲要八方土地肥滿亦主財即有土此有財之說也。

若執命盤按定方位。則東南西北四圍既明。取出田宅宮作全宅之基地看。卽按該

宮星曜以全盤按方斷之論斷土色及其他應見各星將此田宅一宮取出置諸中

央。而關乎全部也亦關乎全部四面較詳者也比如該地南北長五丈東西寬五丈。

以面積十丈見方。分為十二宮復以十二宮按星詳細論斷設如東方卯宮是紫微

貪狼二星應見靑紅色之土。土脈滋潤。在此字上作葬口以我為尊而財祿充裕往

前數尺。則得貴人擁護矣。若向之亦佳倘附有煞星。卽以冲論必見黑砂土質一層。

或一片瓦礫石塊亦難免也。假如紫微在午。內無複雜子方亦純再有吉星擁護。

能富貴必矣其他星曜均以此意旨而推測之攷其旺弱自然透地無疑凡各宮中

有星多複雜諸煞迭見者不但土色不純而地亦不潔。譬如遍身瘡痍人瘡色焦。有

何良好氣脈。非星純地潔氣圓土潤不能致富致貴。黃土雖為色之正斷不可拘泥。

學者精心研究應驗無窮以上所言尙有深意存焉。

諸星所屬土色表

心一堂術數古籍珍本叢刊　星命類　紫微斗數系列

| | | | |
|---|---|---|---|
| 紫微 紅黃或赤 | 天機 青黑無氣 枯乾 | 太陽 紅黑或赤 | 武曲 青黃或青白 |
| 天同 黃白或青白 | 廉貞 紅黃或紅黑不純 | 天府 黃白或青黃 | 太陰 黃黑或青黑或見水 |
| 貪狼 青白氣散 | 巨門 青黑 | 天相 青黃 | 天梁 黃白 |
| 七煞 青黃或紅黃 | 破軍 青白或青黃 | 左輔 黃白或青白 | 右弼 青黑 |
| 文曲 青黑或黑砂土 | 文昌 青白 | 地劫 黑黃石砂 | 地空 流砂或見他物 |
| 化祿 青黃 | 化權 青黑 | 化科 青黃 | 化忌 青白或見水 |
| 天殤 青黑無氣土雜 | 天使 青黑無脈土雜 | 天魁 紅黃 | 天鉞 黃白 |
| 祿存 青黃 | 羊刃 青黑石砂 | 陀羅 青白石砂 | 火星 青紅石砂 |
| 鈴星 紅黃蜂窩 | 天馬 青白流砂土虛不純 | 紅鸞 青紅 | 天喜 紅黃 |
| 天姚 青黑見水洩氣孤獨 | 天刑 青黃砂石孤剋 | 三台 青黃 | 八座 青黃 |
| 龍池 青白 | 鳳閣 青白 | 天才 青黃 | 天壽 青黃 |

諸星所屬土色表

| 台輔 青黃 | 封誥 青黃 | 恩光 青白 | 天貴 青黃 |
| 天官 青黃 | 天福 青黃 | 天空 青黑 | 天哭 青黑 無脈敗土 |
| 天虛 青白 無脈敗土 | 孤辰 青白 無氣絕土 | 寡宿 青黑 無氣絕土 | 刧煞 青黑 有刧土刧氣 |
| 華蓋 青黃 破碎 | 咸池 青紅 荒砂洩氣 | 大耗 青黑不純 瓦礫荒砂破爛 | 破碎 青黑 砂石瓦礫 |
| 正截 青黑 | 傍截 青黃 | 空亡 青白 | |

除用命盤參考兩宅外。如遇新宅院。新墓田亦可用占課法卜之。則盡知其詳細矣。

身垣亦作陰陽兩宅看因吾身所置之地方也簡人有簡人之宅體如太陰守身垣。其所住之房屋。多為陰暗其所葬之地方。多為低窪。或見水及最濕潤與氣不流通之地方。太陽守身垣者其所居之房屋多喜高大其所葬之地方。必屬高阜擎羊多在道邊或墓之左右發現道途。及電桿砂石之類陀羅多見殘破石塊砂石火星多近廟基及磚窰或向之鈴星多遇沙土或浮厝地空地刧地內多有舊墓及地崗殘物之類天同天相多被移動破軍大耗多為亂塚其他各星。皆有所屬祇在詳考占

課亦可用此判斷。

今年天運乙亥陽宅居住東房。多不順利。正東之門亦然。當見死亡疾病遷移脫離

詞訟等事因流祿官符居卯合酉方弔客三煞幷合亥方太歲未方白虎之故寅辰

流陀流羊大耗紅鸞或因紅鸞而消財。如婦女生育嫁娶染病等事不過有輕重之

分耳雖云大利南北。而丑未之方喪門白虎居住造葬亦爲不祥。

丙子年太歲在子三煞歲破流羊力士五黃在午正南北之房屋居之較凶丁丑戊

寅己卯三年東南之方位居之吉凶不一再參以命盤較爲詳細。

陳叔良先生生於光緖二十八年壬寅。十二月二十七日卯時陽年男命金四局曾

稱佳城在保陽用壬山丙向。兼子午三分按命盤詳查。巨門擎羊坐子此方衝破天

機在午南方亦多枯乾之象。並無朝照故不利於次門。祖墓亦不安燕侶四人陳公

居三二兄已故東方一派較高所以長門稱旺三門四門得未方紫破及天府之美。

有意外之財。因破軍同宮過則有破。酉方天府爲助。大耗同宮亦非全美將來申方

一帶入局。定主吃虧。按命盤看。申方爲妻姜宮。妻宮有尅。酉宮作長兄宮看。申宮可
作二兄宮看。故有辭世之憾。以子女宮作四弟宮看。至午方天機對方巨門擎羊衝
破則無第五位矣。此飛星之妙。活看之法。亦可考驗其他各宮皆可以活盤運用之。
陳兄印榮黼宇叔良浙江嘉善人僑居河北保定任開源礦業公司總理。爲得月山
房主。因太陰守命垣。故名素喜斗數之譚。或爲希夷先生同一宗派。亦未可知。
薛子敬先生。生於己亥年正月初四日午時寶城在右安門外鎮國寺南五里餘據
稱子山午向兼丙三分。坐空朝滿。以東北艮方來龍爲長生西北戌方爲水庫余按
命盤詳較參以事實該地子方坐空延長至西北一帶皆大窪下。爲破軍之水主出
外咸池水主孤獨賍害次門。並各門。東北高阜卽紫微天府也。長門初旺正東偏北。
爲戒烟所之義地。高中有窪東北角亦窪卽爲太陰火星卽主亂塚與該所也。東南
青龍之首坎坷不平。小道小水溝及微低之土地。卽巨門地剋地空陀羅天馬也。各
門皆不利。正南爲向上在正塋之外皆大窪下。有坟墓數座。一片叢樹卽祿存廉貞

斗數宣微

也水自西而東流即天相也前面之氣大不充暢被下窪之樹所刮無外明堂之可言。西南遠處巍峨之龍崗漸漸低平。向本塋地而來朝爲七煞。正西之低與窪爲天同貽害三門。武曲爲西北之磚窰。按全塋論斷靑龍之首落陷。白虎之方高大難免婦女爭權剝雜起於內室。若撥調山向。坐紫府而向七煞。或坐七煞而向紫府。前有相宜之照。後有綿遠之靠。或坐七煞向正北遠處之高崗亦可。此高崗爲命盤上亥方太陽之土也。以武曲文曲之磚窰爲活異方之文峰。定主財祿文明之象。其正西之餘地墊平爲要。各門可無貽害之處。薛公身命垣。亦得寅申兩方之美。及子方之天魁土也。惟天魁主孤貴。原以成方一帶低窪爲財庫。不知散財破家傷丁飄泊皆此之害。況成方及正北一帶大窪下。主壽祿不永。父子無情尅妻刑子祖業難承。按該地坐落一帶之地方。約有數十里。多爲砂土之山崗山嶺。高低不一。不能純以平陽看法。當參以山地看法較妥。若不速爲整頓撥調山向。將來後世子孫身命運限皆隨此爲轉移。殊難補救矣。

| 編號 | 書名 | 作者 | 說明 |
|---|---|---|---|
| 32 | 命學探驪集 | [民國]張巢雲 | 發前人所未發 |
| 33 | 滄園命談 | [民國]高澹園 | |
| 34 | 算命一讀通——鴻福齊天 | [民國]不空居士、覺先居士合纂 | 稀見民初子平命理著作 |
| 35 | 子平玄理 | [民國]施惕君 | |
| 36 | 星命風水秘傳百日通 | 心一堂編 | |
| 37 | 命理大四字金前定 | 題【晉】鬼谷子王詡 | 源自元代算命術 |
| 38 | 命理斷語義理源深 | 心一堂編 | 稀見清代批命斷語及活套 |
| 39–40 | 文武星案 | 【明】陸位 | 失傳四百年《張果星宗》姊妹篇　千多星盤命例　研究命學必備 |

## 相術類

| 編號 | 書名 | 作者 | 說明 |
|---|---|---|---|
| 41 | 新相人學講義 | [民國]楊叔和 | 失傳民初白話文相術書 |
| 42 | 手相學淺說 | [民國]黃龍 | 經典　民初中西結合手相學 |
| 43 | 大清相法 | 心一堂編 | |
| 44 | 相法易知 | 心一堂編 | 重現失傳經典相書 |
| 45 | 相法秘傳百日通 | 心一堂編 | |

## 堪輿類

| 編號 | 書名 | 作者 | 說明 |
|---|---|---|---|
| 46 | 靈城精義箋 | [清]沈竹礽 | |
| 47 | 地理辨正抉要 | [清]沈竹礽 | |
| 48 | 《玄空古義四種通釋》《地理疑義答問》合刊 | 沈瓞民 | 沈氏玄空遺珍 |
| 49 | 《沈氏玄空吹虀室雜存》《玄空捷訣》合刊 | [民國]申聽禪 | 玄空風水必讀 |
| 50 | 漢鏡齋堪輿小識 | [民國]查國珍、沈瓞民 | |
| 51 | 堪輿一覽 | [清]孫竹田 | 經典 |
| 52 | 章仲山挨星秘訣（修定版） | [清]章仲山 | 失傳已久的無常派玄空經典 |
| 53 | 臨穴指南 | [清]章仲山 | 章仲山無常派玄空珍秘 |
| 54 | 章仲山宅案附無常派玄空秘要 | 心一堂編 | 門內秘本首次公開　沈竹礽等大師尋覓一生未得之珍本！ |
| 55 | 地理辨正補 | [清]朱小鶴 | 玄空六派蘇州派代表作 |
| 56 | 陽宅覺元氏新書 | [清]元祝垚 | 簡易・有效・神驗之玄空陽宅法 |
| 57 | 地學鐵骨秘　附 吳師青藏命理大易數 | [民國]吳師青 | 釋玄空廣東派地學之秘 |
| 58–61 | 四秘全書十二種（清刻原本） | [清]尹一勺 | 玄空湘楚派經典本來面目有別於錯誤極多的坊本 |

三